日銀破綻

持つべきはドルと仮想通貨

藤巻健史

GENTOSHA

はじめに

今の日本は、財政破綻という危機の発生を「異次元緩和」という禁じ手の手法で、先延ばししている状況だと思っています。日本得意の〝飛ばし〟です。

しかし、そのツケは大きく、最終的には日銀や円の信用が傷つき、「日銀倒産（日銀破綻）」という形で結末を迎えると思います。

同じく日銀や円の信用が傷ついたとき、昭和2年や昭和21年には、明治憲法下で預金封鎖と新券発行が行われました。

しかし私有財産権の確立した現憲法下ではその手法は難しく、私有財産権に抵触しない日銀倒産という形で事態収拾が図られると思うのです。

いずれにしても今、流通している日銀券は、紙くずとなります。もちろん、中央銀行は社会のインフラとして不可欠ですから、新しい中央銀行は設立されるでしょう。

この筋書きを金融に詳しい、口の悪い友人に話したら、「日本には現在、中央銀行がない。あるのは黒田日銀という政府の言いなりになって紙幣を刷りまくる印刷所だけだ。だから君の予想は『新たに日本に中央銀行を作る』ということだね」と言われました。言い得て妙かもしれません。

この予想を読んだ方には、反発・反論が多々あるかと思います。しかし、私は国会で黒田東《はる》彦《ひこ》日銀総裁をはじめ、日銀幹部、麻生太郎大臣に質問をしていますが、この筋書きを覆《くつがえ》す満足な反論をいただいたことがありません。議事録も随所に載せてありますので、満足のゆく回答か否か、ご自身で判断いただければ幸いです。


さすがに「中央銀行はつぶれますか？」とは国会では聞いておりませんが、特にこの部分については「ありえない」と反応する読者の方が大多数だと思います。

しかし歴史的事実として、異次元緩和を行ったドイツの元中央銀行・ライヒスバンク（ドイツ帝国銀行）は終戦後につぶれ、今の中央銀行「ブンデスバンク」に取って代わられました。旧通貨のライヒス・マルクは紙くずになり、通貨ユーロに変わるまで、新しくできたドイツ・マルクが流通したのです。この経験ゆえに、ドイツは今でも「異次元緩和」に大反対です。ライヒスバンクに起きたことが、日銀に起こらないとは、私には到底思えません。日銀がライヒスバンクと全く同じ道を歩んでいるように、どうしても思えるのです。

雑誌「経済セミナー」2000年7月号の「第一次大戦後のドイツと第二次大戦後の中南米」（小浜裕久・浦田秀次郎共著）に次の記述があります。

「ハイパーインフレの要因としていくつかの共通の原因が挙げられる。すべてのハイパーインフレに共通する原因は『弱い政府』の存在である。具体的には財政支出の膨大化を抑制することができず、また、肥大化した財政支出を賄《まかな》うための徴税能力を持たない政府、政府の財政赤字を紙幣の増刷で賄うことを拒否する独立性を持たない中央銀行の存在である」

この記述を読みながら、日本の状態を考えてみましょう。

世界最悪の財政赤字、低い消費税率を上げることも所得税の課税最低限を引き下げることもできない政府（＝徴税能力を持たず）、政府の赤字を紙幣の増刷で賄う日本銀行……。日本は「ハイパーインフレになる要素」をすべて持ちあわせているように思えます。

その「ハイパーインフレ鎮静化策」が、「日銀倒産&新中央銀行設立」なのです。

もっとも金融システムが崩壊しても、日本がなくなるわけではありません。新中央銀行は設立されますし、市場原理は偉大です。日本民族も優秀ですから、必ずや日本経済は立ち直るでしょう。しかし再生するまでの混乱期は大変です。無関心でいれば、今まで貯《た》めた資産・努力が霧《む》散《さん》してしまいます。

混乱期の政府は頼りになりませんから、自分で自分自身や家族を守らねばなりません。見たくない現実から目をそらさず、現実を直視することが重要です。

困難を乗り越え、すばらしい日本の未来を迎えるためにも、ぜひこの本を読んで、今の日本の事態を正しくご理解いただければと思います。

先日、テニス仲間で中小企業のオーナー副社長だったマキさんから、「また本書いているの？数年前までは財政破綻のリスクを説いているのは、世界でフジマキさんを筆頭に3人しかいなかったけど（少し大げさか？）、今は、僕のまわりは皆フジマキ説に同意で、もう十分事態がわかっている。だからもう誰も本、買わないよ」と言われてしまいました。さすが、ビジネスに携わっている方々は、この異常事態を感覚的にわかっていらっしゃるようです。

しかし、その結果、最終的に日本がどうなってしまうのか？　これから具体的に何が起こるのか？　どうしたら危機の被害を軽微に乗り越えることができるのか？　アベノミクスは何が間違いだったのか？　今後二度と同じ間違いを犯さないためにはどういう金融政策が必要か？などについては、まだお考えになっていないのではないかと思います。

本書は、その辺まで書き込んだつもりですので、お読みいただけると幸いです。

私は日本維新の会所属の参議院議員ですが、この本に書かれた分析、内容は党の統一見解ではなく、私の個人的見解・分析であることをご理解いただければと思います。

私がモルガン銀行（現ＪＰモルガン・チェース銀行）勤務時代の最後の10年間にやっていた仕事は、プロップ・トレード（顧客相手ではなく、モルガン銀行のお金で同行のために勝負をする）と呼ばれたものです。簡単に言えば「ある国の経済が強い」と思えば「株と通貨を買い、債券を売る」、弱いと思えば「その逆をやる」というもので、「エコノミストの分析力」と「勝負するガッツ」の両方を必要とする仕事でした。

ボスのマーカス・マイヤー氏の指示で始めたのですが、モルガン銀行でも当初は「藤巻のビジネス」と言われ、この規模では世界で私一人しかやっていませんでした。やがて資金為替部長を経験した熟練の数人が、この仕事を任されるようになったのです。

他に同じ規模で同じビジネスをやっていたのは、ヘッジファンドのオーナーくらいでした。私が退行後、銀行がするにはリスクが大きすぎると、この種の仕事は禁止され、銀行に関係のあるヘッジファンドに移管されました。自慢げになってしまうことを恐れずに言えば、その意味で私は、マクロ経済を分析しながら勝負に命をかけていた（と言うと少し大げさですが）経験を持つ、唯一の日本人と言ってもいいと思っています。

この本は、そういう経験を経た私独自の分析だと理解していただければと思います。

２０１８年10月

藤巻健史

日銀破綻　目次

はじめに　003

第1部　日銀はいかに破綻するか

I　日銀に異次元緩和からの出口はあるのか

1 「日本の財政はかなり危ない〜その1」　018
2 「日本の財政はかなり危ない〜その2」　020
3 現在、平穏なのは危機が先送りされているから　022
4 異次元緩和の本当の副作用は出口がないこと　025
5 長期金利の上昇容認はギブアップ宣言　027
6 出口戦略としての長期金利上昇容認の第2弾は可能か　030
7 伝統的金融政策の時代とは別世界にいる　033

8 日銀当座預金の金利を上げると日銀が債務超過に陥る 036
9 出口でバランスシートを縮小し始めたら日銀に巨額評価損が生じる 041
10 出口戦略で金融機関に連鎖倒産が起きる 061

II 出口に関する日銀幹部の詭弁《きべん》

1 「金利が低いのは財政再建への信認が高いから」という嘘 075
2 「日銀保有国債の金利も上昇するから問題ない」という嘘 081
3 「償却原価法を使っているから問題ない」という嘘 085
4 「日銀には通貨発行益があるから問題ない」という嘘 088
5 「海外中央銀行の先行事例を踏まえて」という嘘 092
6 「インフレ目標を堅持する限り長期金利は上がらない」という嘘 096
7 「法定準備預金の準備率を引き上げる方法がある」という嘘 098
8 「長期金利を引き上げるのは経済活性化のため」という嘘 099
9 異次元緩和の副作用は「銀行収益の圧迫や国債市場の取引低迷」という嘘 102
10 「戦争が起きないとハイパーインフレにはならない」という嘘 104
11 「物価動向に為替は短期的要因でしかない」という誤解 109
12 「景気回復に為替は重要でない」という誤解 112

⓭「まだまだ金融緩和をする手段はある」という強弁 113
⓮「お金を刷り続けてもハイパーインフレにならない」という嘘 119

Ⅲ 日銀の債務超過の実態

❶国による日銀への資本投入は可能か？ 123
❷債務超過になっても大丈夫な条件 125
❸日銀が債務超過になれば円の大暴落、ハイパーインフレの危機 126

Ⅳ 究極の混乱が発生したらこうなる

❶ハイパーインフレは避けようがない 128
❷ハイパーインフレに陥る共通の原因 130
❸異次元緩和は日本株、国債、円の大暴落で幕を閉じる 132
❹ハイパーインフレは大増税による究極の財政再建 132

Ⅴ 何を契機にXデーは起こるか？

❶日銀の債務超過（簿価会計で）がきっかけになるとき 136
❷日銀の債務超過（時価評価で）がきっかけになるとき 138

3 円安進行がきっかけになるとき 141
4 ステルステーパリングが加速し、日銀の年間国債購入量が34兆円以下になったとき 146
5 地銀のさらなる経営悪化、連鎖倒産が起こったとき 148
6 原油価格の上昇が起こったとき 149
7 経常収支の赤字化が固定したとき 151
8 不動産価格、株価が上昇したとき 152
9 社債発行が急増したとき 153

VI 混迷解決は日銀倒産と新日本銀行の設立

1 ハイパーインフレ鎮静策として「預金封鎖&新券発行」はあるか 156
2 財産税の徴収はあるか 160
3 ハイパーインフレ鎮静策でドルが法定通貨になるか 161
4 日銀倒産&新しい中央銀行の創設について 163
5 なぜ預金封鎖・新券切り替えではなく、日銀倒産・新中央銀行設立だと思うのか？ 164

VII 個人はこの事態にどう対処すべきか

1 保険としてドルと仮想通貨を買う 167

❷ 避難通貨としてドルを買う 168
❸ 避難通貨として仮想通貨を買う 175
❹ 仮想通貨に関する税制の問題とは 188

第2部 なぜ日本はこんな危機に陥ったのか

I 世界最悪の財政状態
❶ なぜこれほどの借金がたまってしまったのか 196
❷ 名目GDP、30年間で日本は1・5倍、米国4倍、中国75倍! なぜ? 200

II 異次元緩和とは財政危機の将来への飛ばし
❶ ピケティも「日本の現状は理解不能」と書いている 202
❷ 異次元緩和はハイパーインフレを招く財政ファイナンス 204
❸ テーパリングを誤解している人が多すぎる 208
❹ FRB、ECB、BOEは金融緩和撤退を始めているのに日銀だけが加速 211

5 日銀のBSがメタボになると何が悪いのか？ 211
6 ハイパーインフレという大増税で財政再建（国民生活は地獄） 215

Ⅲ「日本の財政は問題がない」という識者の嘘

1 統合政府論の誤解・嘘をあばく 218
2 「マスコミは財務省に洗脳されている」という嘘 228
3 「政府には徴税権があるから破綻しない」という嘘 231
4 「日本は純資産国で対外資産があるから大丈夫」という嘘 234
5 「日本国債は日本人しか保有していないから破綻しない」という嘘 236
6 「政府は借金の返済をしなくてもいい」という嘘 238
7 「政府は財政再建を実行している」という嘘 239
8 「デフレ脱却のためには量的緩和が必要だった」という嘘 242
9 「円安誘導策はない」という嘘 247
10 「インフレになると景気がよくなる」という嘘 249
11 「量的緩和をすればCPI2％の公約が達成できる」という嘘 250

第3部　今後の金融政策はこうすべし

Ⅰ　しかるべき金融政策を検証する

1 伝統的金融政策VS非伝統的金融政策　254
2 非伝統的金融政策を採用したのは政策ミス　255
3 今後は伝統的金融政策に固執すべき　256
4 マイナス金利政策は強力である　257
5 地銀の経営悪化は異次元緩和のせいであり、マイナス金利のせいではない　258
6 マイナス金利政策への抵抗感について　259

Ⅱ　究極（近未来）の金融政策とは

1 現金決済は世界では亜流である　261
2 現金がなくなればタンス預金がなくなり、マイナス金利政策が有効になる　264
3 デジタル通貨にはこんなメリットがある　267
4 仮想通貨、日銀デジタル、電子マネーの違いとは　268
5 日銀は日銀デジタルを発行するか？　270

6 将来は日銀デジタルと仮想通貨の併用がいい　272
おわりに　274

装丁／２５６（萩原弦一郎）
カバー写真／山口貴弘
図版・ＤＴＰ／美創

第1部
日銀はいかに破綻するか

I　日銀に異次元緩和からの出口はあるのか

1「日本の財政はかなり危ない～その1」（プリンストン大学の清滝信宏教授）

２０１８年８月14日の日本経済新聞「時論」は、第６面の一面を使ってプリンストン大学の清滝信宏《きよたきのぶひろ》教授のインタビュー記事を載せています。

清滝教授は日本人として初めてノーベル経済学賞を受賞するのではないかと注目されている学者（日経の紹介文）です。以下、そのインタビューの一部をここに書き写します。

（質問者）「日本の財政は持続可能ですか」

（清滝教授）「かなり危ない。財政破綻に備えたコンティンジェンシープラン（緊急時の対応計画）を作り、国民の合意を取り付けるべきだ。プランは支出カット、税収増、インフレによる国債減価という３つの政策をどのような割合で発動するかがポイントになる」

今の政治情勢を勘案すると私（藤巻）は３つのうち前者２つは難しく、政府は３番目の政策を選択すると思っています。異次元緩和を採用したこと自体が、すでにその政策を開始したと言えるからです。これは政策というより財政赤字を放置した政策ミスの結果であり、国民を地獄に追いやる人災です。

そして、その後にハイパーインフレ鎮静策として日銀を倒産させ、新しい中央銀行を作るというのが私の分析、予想なのです。清滝教授のインタビュー記事に戻ります。

「日本、財政破綻へ備えを」※2018年8月14日の日経新聞

（質問者）「未然に防ぐ手立てはありませんか」

（清滝教授）「財政の持続可能性は政府の責任だ。金利が上昇したときに日銀に国債を買わせて上昇を抑えるなど無理なこと。財政の持続可能性について長期的なメドを立てるしかない」

ここもまさに私の考えと同じです。この本の中でその理由を述べていきたいと思います。

2「日本の財政はかなり危ない〜その2」（故石弘光一橋大元学長・政府税調元会長）

2018年8月25日にお亡くなりになられた一橋大学元学長、政府税制調査会元会長で財政学の専門だった石弘光《いしひろみつ》先生のインタビュー記事（如水会会報2018年新年号・一橋大学OB会誌）を読み返してみました。最初に先生ご自身が末期がんにかかっていることをお話しされ、それでも「くよくよ後ろ向きに考えない」などのお話をされています。頭が下がります。

その後で専門の財政学のお話になるわけですが、もう怖いものはなかったのでしょう。本音をずばり、ずばりと話されていらっしゃいました。非常に示唆に富むお話でしたので、何箇所か抜粋してみます。

（質問者）「話は変わりますが、2017年は秋に総選挙も行われました。先生は、財政学の大家として、今の日本の財政状況をどんなふうにご覧になられていますか」

（石先生）「（略）それ以来、国民に痛みを強いる、あるいは負担を強要するような政策は、ことごとくはねのけられてきましたね。それはポピュリズムですよ。口当たりのいい政策ばかりを挙げたてて、人気取りと財政のばらまきでここまできた。それが、国と地方合わせてGDPの2倍以上の1千兆円超えに上る借金となったのです。つまり、増税を先延ばししているだけですよ。政治家の性《さが》といえば性だけど、外国の政治家はもっとしっかりとしていますよ。だからこそ、日本のように巨額な借金を抱えない。そこが大きな違いじゃないかと思います。（略）僕は警鐘を鳴らし続けて半世紀だけど、何も変わらない。ますます悪くなっている」

（質問者）「国民一人一人にとって相当な痛みを伴うような形でないと、解消できないのではないかという心配がありますね」

（石先生）「今の1千兆円超の借金は、全額返すなんてもはや不可能ですね。（略）嫌なことは全部先に延ばして、議論をしないですませようという腹積もりの政治家が多いですね。自分のときはやりたくないので、あとの人にやってもらえという考えです。まさにモラルハザードですね。昔はそれなりに立派な政治家がいたと思うよ。大平総理、中曽根総理とか。竹下総理は消費税を導入した。細川総理も国民福祉税だと言ったし、橋本総理は消費税率を上げたしね。民主党の野田総理は社会保障について、税との一体改革のスキームを作った。それを、今の安倍政権が、全部壊してしまった。そういうことで、今後、どうなるか、私は暗澹《あんたん》たる思いがしますね（略）」

（質問者）「源泉徴収が発達しすぎて、そもそも納税している感覚が、消費税以外にはないのでは」

（石先生）「税を支払って、その税が使われる政府の仕事をちゃんと見張りましょうという観念がない。ここは外国と全然ちがいますね。

明治維新が上からの改革だったっていうあたりが問題じゃないかな。市民革命を経ていないんですよ。自分たちが責任を持って社会をつくるためには、負担を負わされてしかるべきだと思うけど、日本は、そのように考えない。日本の政治家は、歳出カットでは選挙に立ち向かえないけど、ドイツはできるんですよ。くだらない歳出は、財政赤字が増えてインフレになると思うからね。外国に行って調査すると、そのあたりがすごく違うと思うね。自分の税金が何に使われているか非常に気にする。ところが、日本の納税者は、払う方ともらう方は別だから、払う方は極力少なくして、もらう方だけもらいたいんだよ。これ、一朝一夕には変わらないね。僕は半世紀いろいろやったけど、全然だめだ（笑）。選挙になると、またがた変わっちゃうんだよな」

3 現在、平穏なのは危機が先送りされているから

世界最悪の財政が破綻しないように日本は得意の危機の先送り（＝飛ばし）を行ってきました。政府に足りない資金を、日銀に新しい紙幣を刷らせることによって賄ってきたのです。

これで政府の資金繰り倒産の危機は先延ばしになりました。しかし、そのせいで倒産時の衝

撃は一層大きくなってしまったのです。

後で詳しく触れますが、この飛ばしの手法が世界中で禁じ手と言われていた「量的・質的緩和（異次元緩和）」なのです。

この飛ばしのせいで日銀のバランスシート（ＢＳ）は対ＧＤＰ比で世界最大規模になってしまいました。これは経済規模に対して大量にお金をばらまいたということです。しかも日銀の財務諸表は極めて不健康で脆弱《ぜいじゃく》になってしまいました。インフレが加速すると、日銀にはなす術《すべ》がありません。何かしようとすると、ＢＳが脆弱なゆえに日銀が倒産してしまうのです。

「異次元緩和」は「非伝統的金融政策」と言われています。非伝統的金融政策は、昔の伝統的金融政策とは全く違うという認識が必要です。

伝統的金融政策では、インフレを制御する方法がありました。ですからインフレが加速しても、全く心配する必要がなかったのです。

しかし今は「異次元緩和」を行ったがゆえに、インフレを制御する方法がなくなってしまったのです。この制御方法があるか否かの議論が、俗に言う「出口」議論なのです。

参議院に初当選した２０１３年夏以降、私は財政金融委員会で「異次元緩和に出口はあるのか」と追及し続けてきました。

２０１６年４月12日の朝日新聞「波聞風問」では原真人編集委員が「藤巻健史参院議員は、

安倍晋三首相や黒田東彦日銀総裁にこの問題を問い続けている。外資系銀行で『伝説のディーラー』と呼ばれ、著名投資家ジョージ・ソロス氏のチームにいたこともある市場のプロだ。その目には、財政出動や日銀の異次元緩和が国民の潜在的な負担をとてつもなく膨らませている、と映る」と書いてくださいました。

その私は「出口を議論するのは時期尚早」と答弁してきた黒田日銀総裁のことを「Mr・時期尚早」と揶揄《やゆ》してきました。最近でも「出口がないのでは？」と私が突っ込むと、日銀幹部は「そんなことはありません」と答えます。そう答えざるを得ないのはわかりますが、答弁はシドロモドロです。

たとえば「どうやってハイパーインフレを防ぐのですか？」という私の質問に対して、若田《わかた》部昌澄《べまさずみ》副総裁は「消費者物価指数（CPI）目標を持ち続ける限り、ハイパーインフレにはなりません」と回答されるのです。私はインフレ加速の際の対処方法を聞いたのです。若田部副総裁の回答は根性論でしかありません。目標さえ掲げれば東大に入れるのなら、今頃私は東大卒です。人生は目標さえ持てば必ず達成できるほど甘いものではありません。それと同じです。「今までインフレにならなかったのだから、今後もインフレにはならない」と信じるのなら話は別ですが、これだけお金をばらまいているのです。何かの契機でインフレが始まらないとは限りません。始まったら最後、ブレーキがないのが日本の現状です。

4 異次元緩和の本当の副作用は出口がないこと

日銀は2018年7月31日の金融政策決定会合で「長期金利の一定幅の動きを容認」することとしました。これは実質的に「長期金利の上昇を容認した」ことです。

長引く異次元緩和の結果、地方銀行の経営が苦しくなるなどの副作用が出てきたからだというのが、その理由のようです。異次元緩和の副作用は、これだけではありません。財政規律が失われることもその一つです。日銀という市場原理の働かない(=損益に関係なくなんでも買う)機関が爆買いをするのですから、いくら政府がばらまきを行い、国債発行でその原資を賄っても、長期金利が上昇しません。

普通、財政赤字がたまると長期金利が上昇し、財政赤字への警告が発せられ、累積赤字の蓄積が止まるのです。日本では、その機能を封印してしまったのです。

9月28日、イタリアが来年の財政赤字見通しをGDPの2・4%に設定しました。その結果、財政赤字膨張の見通しで国債価格が急落(=長期金利急騰)したのです。健全だな～と思いました。こういう長期金利の動きで財政赤字の拡大に歯止めがかかるのです。

日本は財政赤字がGDPの6%を超えるのに日銀の爆買いでビクともしないのです。財政黒字のドイツ国債利回りが0・47%なのに対し、財政最悪の日本は0・12%(9月28日)。

日本にはもはや財政規律が存在しません。しかし異次元緩和の副作用には、もっと懸念すべきことがあります。「異次元緩和からの出口がない」こと、すなわち「景気上昇期に、そのスピードを調整するブレーキをなくした」ことです。それを忘れてはなりません。

7月31日の金融政策決定会合の後、マーケットが多少荒れましたが、序の口もいいところ。本格的に出口に向かうときの荒れ方は、次元の違う衝撃だと思います。最大の副作用と直面するからです。この章の以下の節では本当に出口がないのか（=副作用があるのか）を検討していきたいと思います。

２０１７年3月21日の参議院財政金融委員会で、私は岩田規久男副総裁（当時）に出口の方法を聞きました。副総裁は、①日銀当座預金の付利金利（金融機関が日銀に預ける当座預金のうち、「法定準備預金額」を超える金額に付く金利のこと。法定準備預金とは、民間銀行が日銀に預け入れなければならない最低金額のこと）を上げていく、②日銀バランスシートを縮小していく、という方法があるとお答えになりました（後述の〈参考〉ご参照）。

それに対し、私は「その方法では無理だ」と返しましたが、その理由をこの章では詳しく分析してみたいと思います（岩田副総裁にもこの内容で反論いたしました）。

参考 ２０１７年3月21日の参議院財政金融委員会での質疑

○**藤巻健史君**／インフレが加速することはあり得ないと宣言するのは簡単なんですが、手段がないときに宣言しても困ってしまうわけでね。私が見る限り、まさに車のアクセルを思いっ切り今踏み込んでいるわけで、それにこの車にはブレーキがないんですよね。そのブレーキは何かという話を聞いているんですが、伝統的金融政策の場合には金利を上げるという方法がありましたけど、今、日銀は金利を上げる手段をお持ちですか。

○**参考人（岩田規久男君）**／金利を上げる手段というのは大きく分けて二つあると思います。一つは、当座預金に対して付利金利を上げていくということが一つであります。もう一つは、やはり売りオペなどをすることによって金利を上げていくという……（発言する者あり）売りオペですね、買いオペの反対ですね。要するに、バランスシートを少し縮小していくということであります。

そういうことをうまく組み合わせることによってインフレを加速しないようにコントロールするということは十分可能だというふうに思っております。

5 長期金利の上昇容認はギブアップ宣言

前述のように日銀が2018年7月31日の金融政策決定会合で「長期金利の一定幅の動きを容認する」とした前から、長期金利に上昇圧力がかかっていたのは、先ほど書いたように地域金融機関の経営悪化が問題化してきていたからです。その結果「異次元緩和の継続はもう無理ではないか？」との思惑が市場に広がっていたのです。

本来、銀行の利益の根幹は長短金利差ですが、「異次元緩和」の結果、長期金利が急低下し、長短金利差がなくなってしまいました。１９７０年代後半の米国Ｓ＆Ｌ（貯蓄型の金融機関）危機のとき、米連邦準備制度理事会（ＦＲＢ）は長短金利差を開かせ危機を乗り越えたのですが、現在の日銀は逆のことをしているのですから、銀行はたまったものではないのです。

今回の決定は、私には「長期金利上昇容認」というより「長期金利をもう抑えきれない」とのギブアップ宣言に思えてなりません。そもそも日銀が長期金利をコントロールするなど無理な話だったのです。

日銀は、おこがましくも２０１６年９月に10年物国債金利をゼロ％程度と決めました。それを「やっぱりコントロールできない」と放棄しただけの話だと思うのです。

２０１８年７月28日の日経新聞３面「動く金利　抑える日銀」の中では、日銀幹部が「長期金利を抑える緩和政策は市場機能を人為的に抑制して成り立つ。ゆっくりと金利を調整するのは難しい」と述べています。まさにそのとおりだと思います。

そもそも「短期金利は中央銀行、長期金利は市場が決める」、これが私の学んだ金融論であり、30年間の市場での経験もそう教えてくれます。長期金利を思いのままにコントロールできるなんて、日銀の思い上がりもはなはだしいのです。

世界中の中央銀行の中で、長期金利の水準を政策目標として掲げているところはないはずです。他の中央銀行は、長期金利をコントロールするなど無理だとわかっているからだと思います。当然です。

そもそも日銀自身、当初から「長期金利をコントロールできる」と信じていたのか、極めて疑問です。２０１６年11月まで「教えて！にちぎん」という一般国民向けのホームページには「中央銀行は長期金利を思いのままに動かせない」と書いてあったのです。ところが、突然「長期金利はコントロールできる」と書き換えてしまいました。

この点に関し、２０１６年11月17日の参議院財政金融委員会で白眞勲《はくしんくん》参議院議員が突っ込みを入れていました。

リーマン・ショックから8年間、「コントロールできない」との記述を放置して、長期金利の誘導目標を決めたとたんに「コントロールできる」と変えたのですから、日銀が本当にそう思っているのか？　おおいに疑問です。

短期金利に関しては、伝統的金融政策の下で、０・１％上げようと思えばぴったり０・１％、０・０５％上げようと思えばぴったり０・０５％上げる手段を持っていました。

カーリングで10ｍ先の的の中にストーンを置こうと投げれば９・９９ｍから10・０１ｍのと

ころに止めることができたのです。しかし長期金利の場合は、10m先の的の中にストーンを置こうと投げても、1m先で止まってしまうか、200m先まで行ってしまうかわからないのです。

それを認めざるを得なかったのが、7月31日の金融政策決定会合での政策変更だと思っています。ついに「異次元緩和」のほころびが見え始めたのです。

長期金利が誘導できずタコの糸が切れたような状態になれば、政府の支払金利は急増します。Xデーの引き金を引くことにもなってしまうのです。

6 出口戦略としての長期金利上昇容認の第2弾は可能か

7月31日の日銀の金融政策決定会合の後、+0・1%の上限に張りついていた長期金利は、+0・04%まで下落した後、+0・12%に上昇しました。

長期金利誘導目標上げ(一定の長期金利上昇を容認)の理由は「長期金利が下がりすぎて長短金利差がなくなり、金融機関、特に地方金融機関の経営が悪化したからだ」というのが市場の理解だと前節に述べました。

しかし長期金利が上昇(=価格は下落)すれば、地方金融機関は万々歳とは言い難いのです。国債を大量保有しているからです。私が2018年3月15日に参議院財政金融委員会で遠藤俊英金融庁監督局長(現金融庁長官)に聞いたところ、2017年9月末で地銀保有の債券のうち、簿価評価が許される（＝決算のときに評価損益を計上する必要がない）債券は3・6％にすぎず、96・4％は時価評価（決算時点での評価損益を財務諸表に反映させる）を必要とする債券だそうなのです。すなわち長期金利が上昇（＝価格は下落）すると、評価損を計上しなければならない債券が保有全体の96・4％にものぼるということです。

長期金利を上げても（＝評価損の計上）上げなくても（＝資金尻益〈受取利息と支払利息の差から生じる利益〉の低迷）、地域金融機関の経営は苦しいことに変わりはないのです。短期的な影響を考えると、長期金利上げによる評価損拡大のダメージの方が大きいと思われます。

長期金利誘導目標決定から1週間たった8月7日の日経新聞「日銀、遠い金利正常化」という記事の中に「ある地銀幹部は『金利上昇に歓迎どころか落胆ですよ』と話す」との記述があります。日経新聞はこの地銀幹部の発言を「今後、しばらくさらなる利上げがなさそうだから」と分析していましたが、私はそうではないと思います。時価評価が必要な債券ばかり保有しているから、決算の赤字化が心配なのだと思うのです。

このように考えると「長期金利誘導目標の引き上げ第2弾」は難しいでしょう。

さらには第2弾を行うと、日銀自身に大きな問題が生じます。

日銀の保有資産の運用利回りは2017年度で0・264％。うち国債の運用利回りは0・279％です。ということは長期金利が0・279％に達する（ただし期間全部で金利が並行して上昇することが前提）と、日銀は時価ベースでは評価損を計上し始めることになります。（個別に見ていくと評価損でない債券も、大きな評価損を抱える債券もあるでしょうが）平均して見れば評価損が発生し始めるのです。評価損を決算に反映させるならば、現在1兆2287億円の年間経常利益は減っていき、すぐに経常損を計上することになります。

日銀は「償却原価法を取っているので、評価損は決算上、出てこないから大丈夫だ」と言いますが、本当に大丈夫かは極めて疑問です。マーケットは危惧《きぐ》する企業に対しては、必ずや時価評価をして判断を下すからです。

簿価評価ならば大丈夫でも保有国債を時価評価すれば（＝評価損を計上すれば）、日銀が損の垂れ流しになる。エエエ？　の世界です。近年、そんな事態に陥った中央銀行はないはずです。中央銀行と円の信用失墜につながると思われます。

以上の理由で「長期金利の誘導目標のさらなる引き上げ」という出口は、今後はないと思います。第7節では、それでは「短期金利上げ」という出口はあるのか？　を検討してみます。

コラム　私がまだトレーダーだったら何をしたか？

あるとき「フジマキさん、マーケットに戻りたくないですか？」と聞かれたことがある。

――「イヤ～、もういいですよ、いつか大損して個人破産、畳の上で死ねなくなっちゃいそうだから」と言ったら、横で聞いていた落語家の林家木久蔵（現木久扇）師匠いわく「あれ〜、フジマキさんのお宅、もともと畳なんかないじゃないですか？」。

それはともかく、もし私がまだトレーダーだったら、この状況を見て何をするでしょうか？　日銀が、地域金融機関の経営悪化を憂慮していることが金融政策決定会合で明確になった以上、長期金利をさらに下げるとの選択肢はなくなったと思います。

ならば私は、国債先物を思いっきり売ったと思います。「成功（＝長期金利が急騰）すれば大儲け、失敗（＝長期金利下落）の可能性は小さく、限度あり（＝マイナスにならないからせいぜい＋0・2％）」は、1992年にジョージ・ソロス氏が「英国中央銀行に勝った男」と言われるようになった取引と同じ論理です。プットオプション（売る権利）をただで買ったのと同じです。あのとき、私は「なぜ、彼と同様の発想ができなかったのか？」と自分の頭の悪さをなじったものです。

7 伝統的金融政策の時代とは別世界にいる

第5節で述べたように、長期金利のコントロールなど土台、無理な話なのです。それでは次に「短期金利の誘導」がまだ可能なのかを検証してみましょう。

「短期金利の誘導」とは伝統的金融政策時代の肝の部分です。

江戸時代の米の値段を例に取って話をします。

米《こめ》社会の江戸時代、幕府が市中の米価をつり上げようと思えば、旗本への米の支給量を減らせば簡単だったでしょう。市中で売買される米の供給源の大部分が旗本経由と考えられるからです（違っていたらすみません。その前提で話を進めます）。米の値段を下げたければ、幕府の旗本への支給量を増やす。それと同様なのが、伝統的金融政策の手法です。しかし10年間豊作が続き、幕府、旗本、町人、そして農家の米蔵にも唸《うな》るほど米が貯蔵されていれば、幕府が旗本に支給する米の量を増減させても、米価はビタ一文動かないでしょう。このことはお金でも同じです。お金があらゆるところで余っていれば、日銀も金利など誘導できないのです。

実際、どのように日銀が短期金利をコントロールしていたかは〈参考〉をお読みください。

皆さんが民間銀行に預金をしているがごとく、民間銀行も日銀に預金（当座預金）をしています。これを「日銀当座預金」と言います。また「法定準備預金」とは「金融調節のために民間銀行が顧客から預かったお金の一定割合を、日銀に積むよう要求されている金額」です。

現在、日銀当座預金残高は法定準備預金額よりはるかに大きい状態です。これでは伝統的金融政策時代の手法は使えません。お金があらゆるところで余っている状況だからです。新しい方法を見つけない限り、日銀は短期金利さえ誘導できなくなってしまうのです。

私が「悪性インフレが来ますよ」と警告すると、「今はデフレ脱却が重要だ。インフレになったら、そのとき制御すればよい」との反論を受けます。

今でも伝統的金融政策の手法が取れるなら、私は何ら心配しません。しかし、その手法が取れず、他の方法もないから心配しているのです。今は以前とは別の世界にいるのです。昔は大丈夫だったから今後も大丈夫という話ではありません。

参考

私がモルガン銀行に入行した直後（＝伝統的金融政策が取られていた頃）、右隣に座っている資金繰り担当の部下の女性が急に泣き出したことがあります。「日銀にあるわが社の日銀当座預金〈日当〉残高がマイナスになりそうだ」と言うのです。日当残高がマイナスになるのは、担当者が泣くほどに大変なことなのでしょうか？　ましてやこの女性は東大卒の才女。お爺《じい》様は旧日本陸軍の大将で、彼女自身も礼儀正しくしっかりした人なのです。その女性が泣き出したのです。

答えは大変なこと！　なのです。金融機関が何度も日当のマイナスを繰り返せば、口座を閉鎖されてしまいます。詳細は省きますが、それでは日本からの業務撤退を強いられます。

邦銀の場合、法定準備預金額が大きいため、日当がマイナスになることはまずあり得ません。しかし外資系金融機関の場合、法定準備預金額が少ないので、計算ミスがあると途端に日当残高がマイナスになってしまいます。

マイナスが怖いなら現在のように法定準備預金額以上に大幅に日当にお金を残しておけばいいではないか？　超低金利時代で他の運用に回しても収益が挙がらないのだから、日当に多めにお金を積んでおけばいいではないか？　と思われる方も多いと思います。

しかし、伝統的金融政策下においては、日当残高は法定準備預金残高とほぼ同じにすることが要求されていたのです（たとえば1992年の日当残高平均は2966兆円、法定準備預金は2963兆円）。そうしてこそ日銀が短期金利を思いどおりに操作できたのです。

我々が法定準備預金残高に日当を置きすぎると、日銀から怒りの電話がかかってきました。金融界全体で「日当残高＝法定準備預金残高」としていますから、一行が積みすぎると、他行に積み不足が生じてしまうからです。

その伝統的金融政策下の肝心かなめを無視し、日当を法定準備預金必要額より大幅に積んでもOKとしたのが量的緩和です。

8 日銀当座預金の金利を上げると日銀が債務超過に陥る

異次元緩和をスタートしたときから、伝統的金融政策時代の手法が使えなくなることは明らかでした。それでも他にどういう方法があるのかは、誰も思いつきませんでした。無責任な話です。すべて「後で考えましょう」だったわけです。

しかしその後、ＦＲＢが方法を見つけ出しました。日銀当座預金（ＦＲＢの場合はＦＲＢ当座預金）への付利金利を引き上げるという方法です。黒田日銀総裁も「物価上昇率が上がっていく、高まっていく際には、マネタリーベースの回収とともに、それが必要となる」と国会での私の質問に対し答弁されています（後述の〈参考〉ご参照）。

現在ここへの付利金利は＋０・１％（ただし法定準備預金はゼロ％、ある金額以上は△《マイナス》０・１％）ですが、これをたとえば１％に上げたとしましょう。民間銀行は日銀に資金を置きさえすれば、１％の金利をもらえるのです。わざわざ１％以下で、面倒くさい思いをしながら融資などするわけがありません。ですから市中金利は、この日銀当座預金の付利金利の１％より必ず高くなるはずなのです。

方法が見つかったから大丈夫だと喜ばないでください。ＦＲＢと日銀では大きな違いがあるのです。ＦＲＢも確かに量的緩和で米国債や不動産担保証券（ＭＢＳ）をたくさん買ってきました。しかし利回りが２・６％（２０１８年１〜６月。なお２０１７年１〜９月も同じく２・６％）もあり、十分な金利収入があります。多少、ＦＲＢ当座預金（注：しかも残高が国債保有に比べてかなり少ない）への付利金利を上げていっても債務超過に陥ることはありません。

一方の日銀の保有国債の利回りは、たったの０・２７９％なのです。したがって日銀の経常

日銀の運用資産利回りの推移

	2015年度	16年度	17年度
運用資産全体(利回り)	0.389%	0.288%	0.264%
(うち国債)	0.413%	0.301%	0.279%
経常収入	13,963億円	12,737億円	13,104億円

※日銀 業務概況書より作成

収入（ほとんどが保有債券からの利子収入）は2017年度で1兆3000億円にすぎません（上の図ご参照）。そこで付利金利を少し上げると、損の垂れ流しになってしまいます（どのくらい金利を上げればどのくらいの影響があるかは、〈参考〉をご参照ください）。

数年前、日銀は「将来に備えて」との理由で、引当金（債券取引損失引当金）計上を増額しました。その結果、「引当金勘定＋準備金」は8・2兆円に増えました。しかし、たったの8・2兆円でしかありません。付利金利が2％になれば1年ちょっとで「引当金勘定＋準備金」を使い果たし、債務超過に陥ります。日銀付利金利を3％に引き上げたら、1年以内に債務超過です。それこそ〝ビックリ仰天！〟の世界です。

実際に陥らなくても明確に債務超過に陥ることがわかった時点で、円は急落していくでしょう。円の急落は、物価を上昇させます。さらなる付利金利の引き上げが必要となり、債務超過はさらに大きくなります。さらに円安が加速するという悪循環です。日本売り（通貨、国債、株式の売り）の発生が予想されるのです。

今、アベノミクスが成功しておらず、CPI（消費者物価指数）が目標の2%に達していないからこそ、平和な状態が続いているのです。逆説的ですが、アベノミクスが成功し、短期金利を引き上げざるを得なくなったときに日銀、ひいては日本は大変なことになってしまうのです。

小林喜光経済同友会代表幹事も「もし金利が上がれば、不幸な事態に陥る。日銀は450兆円もの国債を抱え込む。時間に余裕はない。1~2年で金利を上げざるを得ない状況がくるかもしれない。決して無視できない金融リスクだ」と7月3日の日経新聞のインタビューで語っていらっしゃいますが、この節の内容から小林幹事のおっしゃる意味がおわかりかと思います。

参考 2017年3月22日参議院財政金融委員会での私の質問に対する黒田総裁の答弁

○**参考人（黒田東彦君）**／日本銀行は、将来にわたって2%の物価安定の目標に沿って適切な金融政策を行っていくためには、物価上昇率が上がっていく、高まっていく際には、日本銀行当座預金の付利金利の引き上げ、あるいは拡大したマネタリーベースの回収が必要となります。

参考 どのくらい金利を上げれば影響があるか

日銀当座預金残高は384兆円（2018年5月末）ですから、1%金利を上げたければ、民間銀行に年間3・8兆円の金利を支払わねばなりません。収入が1・3兆円のままだと（1・3兆円－3・8兆円）で、2・5兆円の損失計上です。「エッ、中央銀行が損失計上?」という世界です。

CPI（消費者物価指数）が安定的に2%となると、政策金利を1%のままに据え置いては、インフレが加速してしまいます。政策金利は最低2%でしょう。384兆円の2%は7・6兆円ですから、日銀は年間（1・3兆円－7・6兆円）で6・3兆円の損を垂れ流してしまいます。

アルゼンチン中央銀行はアルゼンチン・ペソの急落に対処するため2018年8月30日、政策金利（＝短期金利）を15%引き上げ、年60%にしました。

アルゼンチン中央銀行がどのような金融政策を取っているか知りませんが、異次元緩和政策だけは行っていないようです。中央銀行当座預金を60%に引き上げていれば、支払金利負担に耐えかねて今頃倒産していたと思うからです。

異次元緩和をしてしまった日銀がもし政策金利を60%に上げざるを得なくなると、日銀当座預金残高が384兆円ですから、年間の支払金利は230兆円にもなります。国債保有から受け取る収入は1兆3000億円ですから、支払い過多もいいところです。間違いなく破産です。年間の金利支払いの230兆円は年間税収＋税外収入の64兆円と比べれば、いかに大きいかわかります。

ちなみに1980年の米国FRBのFFレート（政策金利）は24％まで上昇しました。インフレが加速していけば政策金利60％などあり得ない話と、無下に否定できる話ではないと思います。

9 出口でバランスシートを縮小し始めたら日銀に巨額評価損が生じる

①異次元緩和とは

異次元緩和の出口戦略では、バランスシート（BS）の縮小が短期金利上げとともに必要となります。景気が過熱したりインフレが加速したときにブレーキをかけるには、思いっきりばらまいたお金の回収が必要となるということです。これには今までと反対のオペレーションが必要なのですが、これが大変に難しいのです。

まず異次元緩和とは何だったのかを説明しましょう。

2つの図で説明いたします。まずは次頁の図の下部を見てください。

近年、税収＋税外収入だけでは歳出を補えません。そこで新発債を発行して賄います。それに加え、以前発行した満期国債の返済資金が必要です。ただでさえ赤字なのですから、その資金は当然ありません。ですから、その分も借り入れなければなりません。これが借換債《かりかえさい》です。

日銀による「国債引き受け」と「買いオペ」の違い

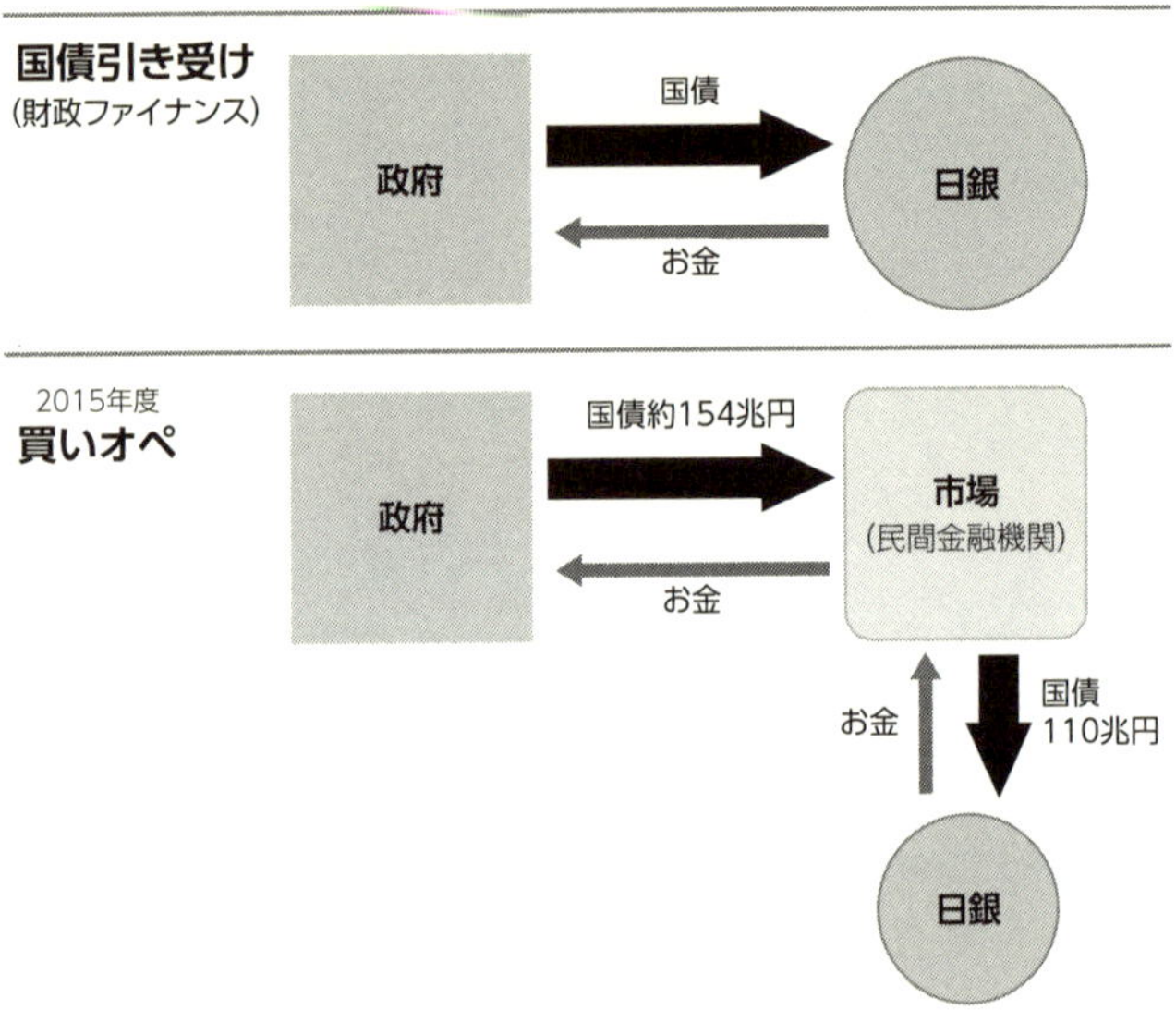

ちょっと古い資料で恐縮ですが、2015年度の新発債+借換債の合計、すなわち年間国債発行額は154兆円(補正後)です。これを民間銀行や証券会社に入札で販売します。昔は銀行、生命保険等の機関投資家は、購入した国債を満期まで保有してくれました。持ち主は変わったかもしれませんが、どこかの銀行や機関投資家等が満期まで保有してくれていたのです。

国債購入の原資は皆さんの預金や保険料ですから、その意味で国の借金は「子・孫からの借金」と表現していてもよかったのです。

ところが今は、早ければ入札した翌日に、銀行や機関投資家は日銀に転売してしまうのです（これを日銀トレードと言います。転売によって銀行や証券会社は鞘《さや》稼ぎをしているのです）。それによって2015年度の日銀の国債購入額は110兆円にものぼっています。国は国債を154兆円発行し、日銀は110兆円買うのです。

私が金融マンだった頃、この転売はほとんどありませんでした。先ほど述べたとおりです。しかし今は、すぐ転売してしまうのです。この行為は、ハイパーインフレを起こした経験から世界中で禁止されている財政ファイナンス（政府のお金の不足分を中央銀行が紙幣を刷ることによって賄う）だと私は思います。

日本でも財政ファイナンス（＝国債引き受け）は、財政法第5条で禁止されています。国債引き受けとは前頁の図の上部のように日銀が国債を買って政府の歳出を賄うことです。禁止されていても政府と日銀は理由をつけて行っているのです。その辺の議論は後の章で深掘りすることにします。

何はともあれ、日銀は年間国債発行額の7割に相当する金額を銀行、機関投資家から買っているのです。そのお金が銀行、機関投資家経由で政府のお財布に行く。すなわち政府の資金繰りに充てられているのです。ただ日銀は、国民からお金を預かっているわけではありません。必要資金は新たに刷っているのです。打ち出の木槌《こづち》を振っているだけです。

その意味で、今の国の借金は「子・孫からの借金」というより、日銀が紙幣を刷る（＝実際には日銀当座預金の残高を増やす）ことによって歳出を賄っていると言った方が正しい認識です。

日銀が発行額の7割もの国債を買えば、国債価格が暴騰（＝金利は暴落）することを、不動産を使って説明しましょう。今まで日本国内の不動産に中国人が興味を持っていなかったのに、急に興味を持ち出し、市場に出てくる物件の7割を買い始めたとします。昨日市場に初めて出てきた物件もあれば、昨年売り出されて売れ残っている物件もあるでしょう。しかしそれらを合わせて年間、市場に出てくる不動産の7割を中国人が買い始めたとします。間違いなく不動産価格は急騰です。これが今の国債市場の状況なのです。今まで参加していなかった日銀が猛然と国債を買い始めたのです。国債価格が暴騰（＝金利は暴落）するのは当たり前です。

次に左頁の図で「異次元緩和とは何か」を説明いたしましょう。

左頁の図の上部は私が金融マンだった頃（1998年12月末）の日銀のバランスシートで、下部が現在のバランスシートです。現在のバランス規模は巨大になりました。何が増えたのでしょうか？　資産サイドの国債と負債サイドの発行銀行券と日銀当座預金です。

たとえば、国がみずほ銀行から国債を買うとします。その購入代金は現金で払うのではありません。日銀にあるみずほ銀行の日銀当座預金口座の残高を増やすという方法を取ります。

日銀当座預金が1998年12月末の4・4兆円から、2018年5月末の384兆円へ激増

日銀のバランスシートはこんなに膨れ上がっている

日銀のバランスシート　1998年12月末

資産	(兆円)	負債・資本金	(兆円)
金《きん》	0.4	発行銀行券	55.9
国債	52.0	当座預金	4.4
その他		⋮	
⋮		引当金勘定	2.9
		準備金	2.1
		資本金	0.0001
	91.2		91.2

日銀のバランスシート　2018年5月末

資産	(兆円)	負債・資本金	(兆円)
国債	459.4	発行銀行券	103.7
(うち長期国債	440.0)	当座預金	384.2
⋮		⋮	
貸付金	46.5		
⋮		政府預金	23.7
		引当金勘定	5.2
		準備金	3.2
		資本金	0.0001
	541.0		541.0

したのは、このようなオペレーションの結果です。発行銀行券も約2倍に増えています。ただこれは超低金利が続いてタンス預金が増えたせいでしょう。

　お財布の中に入っている現金と銀行に預けてあるお金を合わせて現預金と言いますが、皆さんも両者を区別したり意識することはないと思います。発行銀行券が増えるのと日銀当座預金が増えるのとは意味が同じです。要は日銀がお金をジャブジャブに供給しているということです。

そして国債は52兆円から459兆円と、約9倍に増えていることが図からおわかりかと思います。

②日銀が国債を売り始めたら長期金利が急騰する

前で触れた不動産市場の話に戻ります。もし中国人が突然、日本の不動産市場に興味を失い購入をやめたらどうなると思いますか？　価格は暴落でしょう。さらには逆に売りに回ったら、恐ろしい事態が起こります。大暴落が予想されます。国債市場も同じです。

どの市場においても7割買っていた人が売りに回ったとき、誰が買い向かうのでしょうか？暴落するまで待つのは、当たり前だと思います。国債市場も暴落した後（＝長期金利は暴騰）でしか買い手は現れないのです。

さらには「国債を日銀が売り出す事態」とは、日銀が「金融引き締め」に入ったときです。国債の値段を下げたい（＝長期金利を上げたい）ときです。誰が日銀のご意向に逆らって買い向かうのでしょう？　暴落（＝長期金利暴騰）後まで待機するのが普通です。これが日銀が急速にバランスシートを縮められない理由です。

2018年3月24日の日経新聞「米中貿易戦争　身構える世界」という記事の中に「中国の

米国債保有額は1兆1800億ドルと海外勢で最大。米財務省は『米国債を売られれば米経済はひとたまりもない』(関係者)と恐れる」という記述があります。1997年6月の橋本龍太郎総理の「本当のことを申し上げれば、我々は、大量の米国債を売却しようとする気になったことは、幾度かあります」という発言を思い出す記述ですが、中国が保有国債1兆1800億ドル(130兆円分)の米国債を売ったら、米経済はひとたまりもない、ということで、これを日本に当てはめると(米国の経済規模は日本の4倍ですから)130兆円の4分の1、すなわち「誰かが32兆円分の日本国債を売ったら(国債の需給が崩れて)日本経済はひとたまりもない」ということなのです。

何も売り手が中国政府である必要はありません。誰でもいい、日銀でもいいのです。日銀は現在459兆円の日本国債を保有しています。たった(?)32兆円を売り出しただけで日本経済はひとたまりもないということを、この記事は語っているのです。

参考 2015年2月26日の参議院財政金融委員会での私の質問に対する雨宮日銀理事(現副総裁)の答弁

○**参考人(雨宮正佳君)**/お答え申し上げます。

本年1月末時点で日本銀行が保有している長期国債のうち、平成27年度中に満期が到来する長期国債の額面ベースの金額、これは30・1兆円でございます。

先生の次の御質問で、その80兆円、ネットで増やすためには幾ら買わなければいけないかという御質問でございましたけれども、これは、80足す30・1でございますので、110・1兆円ということでございます。
○（藤巻健史君）／平成27年度の国債発行額、154兆円だと思うんですが、そのうちの110兆円を日銀が買っているわけですね。約70%、71%の国債を日銀が買っているんです。

③日銀が新規国債を購入しないだけで長期金利は急騰する

前項では日銀が国債を売り出したら長期金利が暴騰するとの話をしましたが、何も日銀が売りに出さなくても、日銀が「新たに国債、すなわち新発債を〝買い増す〟のをやめたら」国債市場は崩れるのです。

2014年2月26日の参議院「国民生活のためのデフレ脱却及び財政再建に関する調査会」で、京都大学教授で内閣官房参与の藤井聡先生が「国債暴落が起こるか否かは、今国債を持っている人が投げ売りをするかどうかにすべて依存しているが、売れば自分で自分の首を絞めることになるからそういう人はいない。アンケート調査をして科学的に証明した」とおっしゃったのです（後述の〈参考〉ご参照）。

私は唖然《あぜん》としました。「科学的に証明した？？？　So what？」と思いました。

藤井先生は、国債を持っている人が投げ売りをしなければ国債市場が暴落しないとおっしゃいましたが、とんでもありません。

ちなみに藤井先生は「そういうやつ（注：国債が暴落する可能性があると主張する人）は実際にお金を動かしている人には全然いないんですけれども、全然債券を動かしていないやつらにはいるんですよ、こういうやつらが。わかりますかね。（中略）そういうことで、よくそういうことが言われるのは、こういうような非金融資産の運用家たちがテレビや新聞で騒いでいるのではないかなと思います」と証言されましたが、その（藤井先生言うところの）机上の学問を振りかざしている「やつら」の一人が私なのでしょう。

確かに私は、今はマーケットにおりません。しかし金融の世界にいたときは、一人で（国債ディーリングを主に）年300億円（企業で言えば純利益のベースで）稼いでいたバリバリのリスクテーカーだったことを忘れていただきたくはありません（2018年4〜6月期の野村ホールディングス全体の連結決算純利益〈米国会計基準〉が52億円だったことと比べてください）。

私の危機感は決して、実際にお金を動かしていない人の頭の中のみから出てきたものではないのです。バリバリの実務マンの経験からの危機感です。

話を元に戻します。

毎年、新発債が三十数兆円発行（２０１８年度予算では34兆円）されています。借金がそれだけ増えるので、誰かが毎年その分を買わねばなりません。すなわち投げ売りをする人がいなくても三十数兆円を〝買い増す〟人が必要なのです。もし日銀が、その分の買い増しをやめたらどうでしょう？　そんなときに今と同じレートで買い増しをしようとする人なぞいません。十分に需給が崩れるだけでなく元本返済が行われるかもわからなくなってきた国債を、です。金利が上昇するまで待つのが常識的です。

不動産市場を考えていただくとおわかりかと思いますが、一度値が下がり始めると、なかなか買い手が現れないものです。私は現役時代「逆張りのフジマキ」と呼ばれたこともありますが、逆張りは自分のマーケット予想に相当自信があり、かつ精神的にタフでないとできるものではありません。

このように投げ売りがなければ、「国債マーケットが崩れるということはない」などという主張こそ、実際にお金を動かしたことのない人の議論です。

私の質問に対しての藤井教授の回答は、何をおっしゃっているのか私にはちっともわかりませんでした。私の頭が悪いせいだとは思えませんでしたが。

参考 2014年2月26日の参議院「国民生活のためのデフレ脱却及び財政再建に関する調査会」

○参考人（藤井聡君）／どうもありがとうございます。

お手元の資料ですとスライドの15を御覧いただきたいと思います。このスライド15は、このままでは国債暴落Xデーが訪れるという言説がありますが、これが言い難いのではないかと考えられる根拠を示したグラフでございます。

これは、元々、国債暴落Xデーとは何かというと、誰かが、このままだったら国債が安くなってしまうと思ってたくさん売り出します、そうすると、今度みんなは国債安うなってしまうんちゃうやろかと思って、その不安が広がって、次は、俺も売ろう俺も売ろうといって、もう芋づる式にといいますか、坂道を転げ落ちるように国債の価格が下がっていくと。

そして、これはややこしい話ですけれども、国債の価格が下がるイコール長期金利が上がるということになりますので、それが起こるんじゃないかということになります。したがって、国債暴落Xデーが起こるということは、今国債を持っている人が投げ売りをするかどうかにすべて依存しているということになります。

そういうことで、私は、この問題をどういうふうに、できるだけ科学的に、国債暴落Xデーが起こるということが起こりにくいのかということを科学的に証明するためにどうしたらいいのかなと思いあぐねて行ったのがこの調査であります。何をしたかというと、実際に国債を持っている人が、あなたは国債暴落Xデーのときにどうなると思いますかと、その人に聞くというアンケート調査を行いました。そして、面白いもう一個の視点が、国債暴落Xデーが起こる起こると言っている人はどういう人かというと、実際は国債を持っていないのに、机上の空論で何か起こるんちゃうやろかと思っている人が多いんじゃないかなという仮説を私はつくって、この二つを検定するために行った調査であります。(略)

しかも、面白いことに、本来は投げ売りが多ければ多いほど予想インフレ率が高くなりますよね。投げ売りが5%なのにインフレ率が100%になるって何を考えているんやろうということになるわけですけれども、逆に、予想インフレ率が5パーしかないのに100%投げ売りされまんねんとか言っているやつって、ちょっとおかしいんちゃうかということになるわけですけれども、そういうやつは実際にお金を動かしている人には全然いないんですけれども、全然債券を動かしていないやつらにはいるんですよ、こういうやつらが。わかりますかね。投げ売りなんてないにもかかわらずインフレ率100パーやと言っているやつとか、あるいは国債投げ売り率100パーや言うてるのにインフレ率聞いたら10パーやと言っている。これ隣で聞いたら気づくかもしれないんですけれども、全然違う調査で聞いたので頭の中でつながっていない、思考が止まっているということを証明してやったと僕は思っていたんですけれども。

そういうことで、よくそういうことが言われるのは、こういうような非金融資産の運用家たちがテレビや新聞で騒いでいるのではないかなと思いますというのが一つ。

もう一つは、実際に売るかどうかということを現場で考えている人は、そんな投げ売りなんかしないというふうに判断している。なぜか。売ったところで手元にある円の運用の仕方がわからないからであります。

以上でございます。

④今はなき「銀行券ルール」は長期金利急騰を防ぐためだった

昔は「銀行券ルール」というのがありました。「日銀は『長期国債保有額』＜『銀行券発行額』であるべし」というルールです。

ところが日銀は２０１３年の金融政策決定会合で、このルールの一時停止を決めてしまいました。２０１２年末で長期国債保有額が89兆円、銀行券発行額は87兆円で「長期国債保有額」＞「銀行券発行額」とルール違反になってしまったからです。

この直後の２０１３年4月5日の日経新聞「銀行券ルール一時停止」の記事の中には、「中央銀行が無尽蔵に国債を買い増すと、財政赤字の穴埋め、いわゆる『財政ファイナンス』だと見なされる可能性がある。市場参加者が急激なインフレや財政破綻に対する警戒感を強めれば、長期金利は急上昇しかねない。そのため日銀は、保有する長期国債の残高は、世間に流通するお札の総額である銀行券発行残高を上限とする、というルールを掲げていた。それが銀行券ルールだ」とあります。

要は世間から「財政ファイナンス」と言われないように、銀行券の発行額以上に国債は買わないというルールだったのです。

後述しますが、日銀は今、国債爆買いを「財政ファイナンスではない」と否定しています。しかし、この日経新聞の記事がフェイクニュースでないのならば、「無尽蔵に国債を買い増すと、『財政ファイナンス』だと見なされる可能性がある」と日銀自身が昔は認識していたことになります。

今や長期国債保有額440兆円、銀行券発行額104兆円で、発行銀行券の4・2倍もの国債を買っています。発行銀行券の4・2倍もの国債を買っても、日経新聞の指摘するように「財政ファイナンス」を危惧しての「長期金利急騰」は今のところ起きていません。日銀が長期国債の爆買いをして無理やり抑え込んでいるからです。

しかし、その強引な抑え（＝国債の爆買い）をやめたとたんに、「財政ファイナンス」を危惧する激しい長期金利上昇が起こるのではないでしょうか？

何も国債村の住人が売らなくても、長期金利上昇要因はいくらでもあるのです。

⑤国債村の住人の投げ売りで長期金利が急騰した例

藤井教授の主張が間違いであることは今述べてきたとおりですが、実際に国債村の住人が国債を売り出し、市場が大崩れしたよい例があります。1998年の「資金運用部ショック」です。

1998年12月、長期金利が約2・4%に跳ね上がりました。これが資金運用部ショックと呼ばれているものです。資金運用部ショック前の長期金利は約0・6%。今とほとんど変わらない超低金利でした。

当時は大蔵省資金運用部というのがあり、郵便貯金や簡易保険で集めた資金を交付税特別会計に融資したり国債で運用したりしていました(次頁の図ご参照)。

1998年12月22日、「大蔵省資金運用部が国債買入れを停止する」ことを宮沢喜一蔵相(当時)が認めるやいなや、債券相場が急落したのです。債券相場の急落に、株式、円相場も下落する「日本売り」の様相となりました。

「大口の買い手がいなくなれば市場は暴落する」というよい例です。くれぐれも注意したいのは「大口の売りが出れば市場は暴落する」ではなく、大口の買い手が「新たに国債を〝買い増

1998年度国債発行額（実績）

		うち運用部引受
新発債	34.0兆円	11.0兆円
借換債	42.4兆円	4.2兆円
合計	76.4兆円	15.2兆円

す〟余裕がなくなれば」、国債は暴落するということです。

ちなみに今の日銀は毎年、国債発行額の70％の額を購入していますが、当時、国債の最大の買い手、資金運用部はたったの19％の購入でしかありませんでした。

⑥長期国債暴落の理由は予想インフレ率が上がるからだけではない

2014年2月26日の参議院「国民生活のためのデフレ脱却及び財政再建に関する調査会」で藤井教授が「本来は投げ売りが多ければ多いほど予想インフレ率が高くなりますよね。投げ売りが5％なのにインフレ率が100％になるって何を考えているんやろうということになるわけです」と意味不明なことをおっしゃったので、これも誤りであることを説明しておきます。どうも藤井教授は、長期国債の暴落の理由は「期待インフレ率の上昇しかない」と誤解されているのではないかと思うのです。

「名目金利＝実質金利＋期待インフレ率＋信用リスク」です。

別に期待インフレ率が上がらなくても、信用リスク（＝元本が返ってこないと思う確率）が上がると市場が判断すれば、名目金利は上昇するのです。

1998年のロシア危機のときがそうです。あのときロシア国債の利回りは80％くらいまで上昇しました。確かにルーブルが下落し、インフレ懸念があったのは事実です。しかし長期金利急騰の最大の原因は、元本が返ってこないのではないかという不安です。そんな国債は超安値（＝金利は急騰）でないと誰も買わないのです。

今現在、日銀が国債を爆買いしているので、人為的に金利が低く抑えられています。日銀が昔のように市場に参加しなくなれば、長期金利が急騰すると思います。それは「期待インフレ率を反映する」というより、「信用リスクが急騰する」からです。なぜなら日銀が国債市場から撤退すれば、政府が資金繰り倒産をし、国債の元本など返してくれなくなるからです。

⑦長期金利が上昇すると、政府に資金繰り倒産の危機が生じる

日銀が国債を売り出して長期金利が上昇すれば、資金繰り倒産の危機です。

市場金利が急騰しているのに政府が低金利の国債を入札で売り出そうとしたら、未達が発生するでしょう。未達というのは、政府の予定どおりにお金が集まらないことです。

2000年に幸田真音さんが『日本国債』（講談社）という小説を出版されベストセラーになりましたが、この小説は未達が財政破綻の引き金を引いたという話です。

政府が市場動向を無視して低利回りの国債を発行しようとすれば、その小説どおりの事態が起きてしまいます。現在、銀行、証券が入札に参加する動機は日銀への転売での鞘稼ぎでしょうが、その日銀が購入をやめるどころか売りにまわるのです。誰も入札に参加するはずがありません。

入札が成立するのは、何十％という高金利を政府が提示したときだけだと思います。別に入札で新発債を買わなくても、日銀が放出してくる既存国債を買えばよいのです。新発債には既発債と裁定が働きます（＝連動する。連動しないとひずみができ、そこに利益が生じるので市場参加者が殺到。利益は霧散。結果、連動する）から、既発債市場を無視して新発債のレートは決められないのです。

ただでさえ政府は赤字の予算を組んでいるのに、長期金利が上昇して支払金利が急増すれば、大赤字になってしまいます。しかも、この赤字分は日銀が国債の爆買いをすることによって資金繰りがついていたのですから、日銀が爆買いをやめれば、資金不足も明白になります。まさに中央銀行が政府を助けてくれない、ギリシャやイタリアのようなユーロ圏の財政赤字国と同じ状態になるのです。政府の資金繰り倒産の危機です。

⑧長期金利が急騰すると、日銀保有国債の評価損が巨大になる

日銀は２０１８年5月末時点で４５９兆円もの国債（うち長期国債は４４０兆円）を保有しているのですから、長期金利が上昇すると巨大な評価損が生じます。先に保有国債利回りは０・２７９％で、このレートより上になると評価損の発生だと述べました。

いくら日銀は簿価会計だから大丈夫だと言っても、少なくとも外国人は時価評価で判断します。

２０１８年3月末の保有国債の評価益は10・7兆円です。ちなみに信託財産株式の評価益は約１・５兆円、株のＥＴＦの評価益は５・１兆円です。

ちょっと古い資料ですが、約１年前の２０１７年6月8日の参議院財政金融委員会で当時の岩田規久男副総裁に２０１７年3月末時点で金利がパラレルシフト（すべての期間の金利がたとえば１％とか同じレートだけ上昇する）で上昇したら、どのくらいの評価損が出るのか聞いたことがあります。

回答は１％で24・6兆円、２％で44・6兆円、５％で88・3兆円だそうです。

10年債の利回りが最も高かったのは１９８０年4月の約11％ですが、そこまで（11％）上昇したらどうか？　とお聞きしたら１４０兆円ということでした（２０１８年度の国の税収＋税外収入予想64兆円と比べてみてください）。

このとき、岩田副総裁は「１％では時価総額は24・6兆円程度減少すると試算されます」と

日銀が保有する国債の状況

	価格	時価	評価損益
2017年3月末	4,177,114億円	4,273,429億円	96,315億円
2018年3月末	4,483,261億円	4,590,281億円	107,020億円

※日銀 業務概況書より作成

答えられました。この減少が、その時点からの減少なのか簿価からの減少なのか聞き損ってしまいました。その時点からの減少ならば2016年度末では国債の評価益が9・6兆円、その他株式、上場投信などを入れたすべての保有有価証券の評価益合計は14兆円ですから、先に述べた回答から14兆円を引いて、1％上昇時で10・6兆円、2％で30・6兆円、5％で74・3兆円、11％で126兆円の評価損ということです。途方もないほどの評価損です。

もし長期金利が上昇し始めたら、今回は11％などで止まるとは思えませんから、評価損は天文学的な数字になってしまうと思います。

もっともこんな数字が新聞紙上で躍ったら大変だと思ってか、岩田副総裁は、「日本銀行は、国債の評価方法については償却原価法を採用しております。このため、長期金利が上昇したとしても、決算上の期間損益において評価損失が計上されることはありません」「繰り返しになりますが、日本銀行は国債の評価方法について償却原価法を採用しております。このため、長期金利が上昇したとしても、決算上の期間損益において評価損を計上することはありません」と二度も繰り返されました。

10 出口戦略で金融機関に連鎖倒産が起きる

①金融機関経営悪化の現状

全国地方銀行協会の佐久間英利会長（千葉銀行頭取）が2018年5月、長期化する日銀の金融緩和を「慢性ストレスだ」と表現したそうです（7月21日朝日新聞）。

その言葉どおり、地方金融機関の経営悪化がかなり深刻になってきています。2018年6月14日の日経新聞「地銀の越境融資　最高に」の記事には、「地銀経営は『危機モード』」とさえ書いてありました。

5月18日の日経新聞によると、「地方銀行の苦境が鮮明だ。上場地銀80行・グループの2018年3月期決算では6割の48行・グループが最終減益となった」そうなのです。

また6月29日の日経新聞「地銀異変（4）もう任せておけない（迫真）」にも「18年3月期は池田泉州のほかに、筑邦、長野、島根、北日本、福島の計6行が各業務純益で赤字に陥った。融資など根幹業務に絞れば、16年度に地銀106行のうち54行が赤字だった。『想定を超えるスピードで地銀が傷んでいる』（金融庁幹部）」と記述されているのです。

何も経営悪化は地方金融機関だけではありません。大手金融機関も苦戦しています。

2018年3月期決算では、地銀全体の最終利益は9824億円なのですが、5大銀行グループの連結最終利益合計は2兆6908億円。世界最大規模のゆうちょ銀行の純利益は3527億円と低迷しているのです。それらを合計してもJPモルガン・チェース銀行1行の純利益（2017年 Pre-Tax Income）の359億ドル（約4兆円）とほぼ同じにしかなりません。

米銀はJPモルガン・チェース銀行に限らず、兆円単位で儲けている銀行が多々あるのです。そもそも邦銀の稼ぐ力は弱いのに、そこからさらにかなりの減益になったのです。

この経営悪化の理由を、ビジネスモデルのせいにする人がいます。麻生太郎財務・金融大臣も2018年6月14日の財政金融委員会での私の質問に対し、「①デフレーション、②人口減少、③間接金融より直接金融を選ぶという方向への大きな流れ、④それに多分マイナス金利というようなもの」だと回答されました（後述の〈参考〉ご参照）。

政府としてはそれらのせいにしたいのだと思います。

若田部昌澄日銀副総裁も2018年4月16日の参議院決算委員会での私の質問に対し、「本業である貸出業務における人口や企業数の減少といった構造的要因と、低金利環境の長期化である」と回答されました。地銀の経営不振をどうしても構造的要因に結びつけたいようです（後述の〈参考〉ご参照）。

しかも若田部副総裁は、今の金融政策は「マクロ経済環境が改善することによって、むしろ金融機関にとっては貸出するということの機会も増えている」と述べられました。これは金融機関の人が聞いたら怒るぞと私は思いました。

地方銀行の経営不振は一般的にはマイナス金利のせいとする人が多く、マスコミもそう書きます。しかしそれらは誤解です。異次元の量的緩和のせいなのです。異次元緩和の副作用なのです。

2016年2月18日の財政金融委員会の黒田総裁への質問でも、私はこの可能性を指摘しましたが、まさにそのとおりに事態が進んできていると思います。

2018年5月17日の日経新聞には「日銀の異次元緩和が始まる直前の2013年3月期と比較すると、（2018年3月期の決算で）三菱UFJ銀行は61％、三井住友銀行は57％、みずほ銀行は32％まで（収益が）低下した」とあります。2013年3月期と比べて金融機関は減益となったのですが、マイナス金利政策が発動されたのは2016年1月です。マイナス金利政策が原因なら2016年から減益が始まったはずです。

しかも日銀当座預金は384兆円（2018年5月末）ですが、そのうちマイナス金利（△0・1％）が適用されるのは22兆8050億円と、たったの6％にすぎません。マイナス金利政策のせいで収益が悪化したはずがないのです。

金融機関の収益が悪化したのは、明らかに日銀の異次元緩和のせいです。異次元緩和で日銀は長期国債の爆買いを始めました（私が金融マンのときは長期債をほとんど買っていませんでした)。爆買いすれば、長期債の値段は上がります(=長期金利は下がる)。銀行の儲けの根幹は「長短の金利差」ですが、それが大幅縮小、ほぼなくなってきたのですから、銀行は儲かるわけがないのです。

参考 2018年4月16日参議院決算委員会での私の質問に対する若田部副総裁の答弁

○**(若田部昌澄君)** /お答え申し上げます。

地域の金融機関では現在、人口や企業数の減少といった構造的要因と、それと低金利環境の長期化ということもありまして、貸出金利が趨勢《すうせい》的に低下しております。

これは、地域の金融機関というのは、預貸ビジネスと呼ばれるような形で、預金を集めてきてそれを貸出するというビジネスに依存しているところが非常に多うございまして、議員御指摘の地域金融機関の経営が苦しいというお声は、本業である貸出業務におけるその収益性が低下しているということを反映しているというふうに考えます。

○**(若田部昌澄君)** /そして、マクロ経済環境が改善することによって、むしろ金融機関にとっては貸出するということの機会も増えているということでございます。

ですので、そういった要因と、それと先ほどちょっと申し上げた構造的要因、そして低金利環境が続くことによる収益性の下押し圧力ということを総合的に勘案すると、やはり日銀の金融政策のプラスの側面がマイナスの側面を上回っていると、これは確かであると思います。

参考 **2016年2月18日参議院財政金融委員会での私の黒田総裁への質問**

○**（藤巻健史君）**／当然のことながら、銀行経営不安が出てくるわけですけれども、なぜ長期金利を、量的緩和をやってそのイールドカーブをフラットにしちゃったのか。これは1970年代のS&L危機、アメリカにあったときは、FRBはイールドカーブを立てて銀行経営を立て直したわけですけど、今、日銀がやっていることは逆なことをやっているわけですね。そうすると、銀行経営がやばい。

（補足）イールドカーブとは横軸に期間、縦軸に金利を取り、期間ごとの金利をつなぐ線のことです（次頁の図ご参照）。たとえば1年物金利が1％、3年物金利が1・25％、5年物金利が1・3％、10年物金利が1・4％ならば、この線は横軸にほぼ平行になります。これを「イールドカーブが寝ている」と言います。

1年物金利が1％、3年物金利が2％、5年物金利が3・5％、10年物金利が7％ならば、この線はかなり右上がりになりますが、このことを「イールドカーブが立っている」と表現

イールドカーブの量的緩和前後での変化

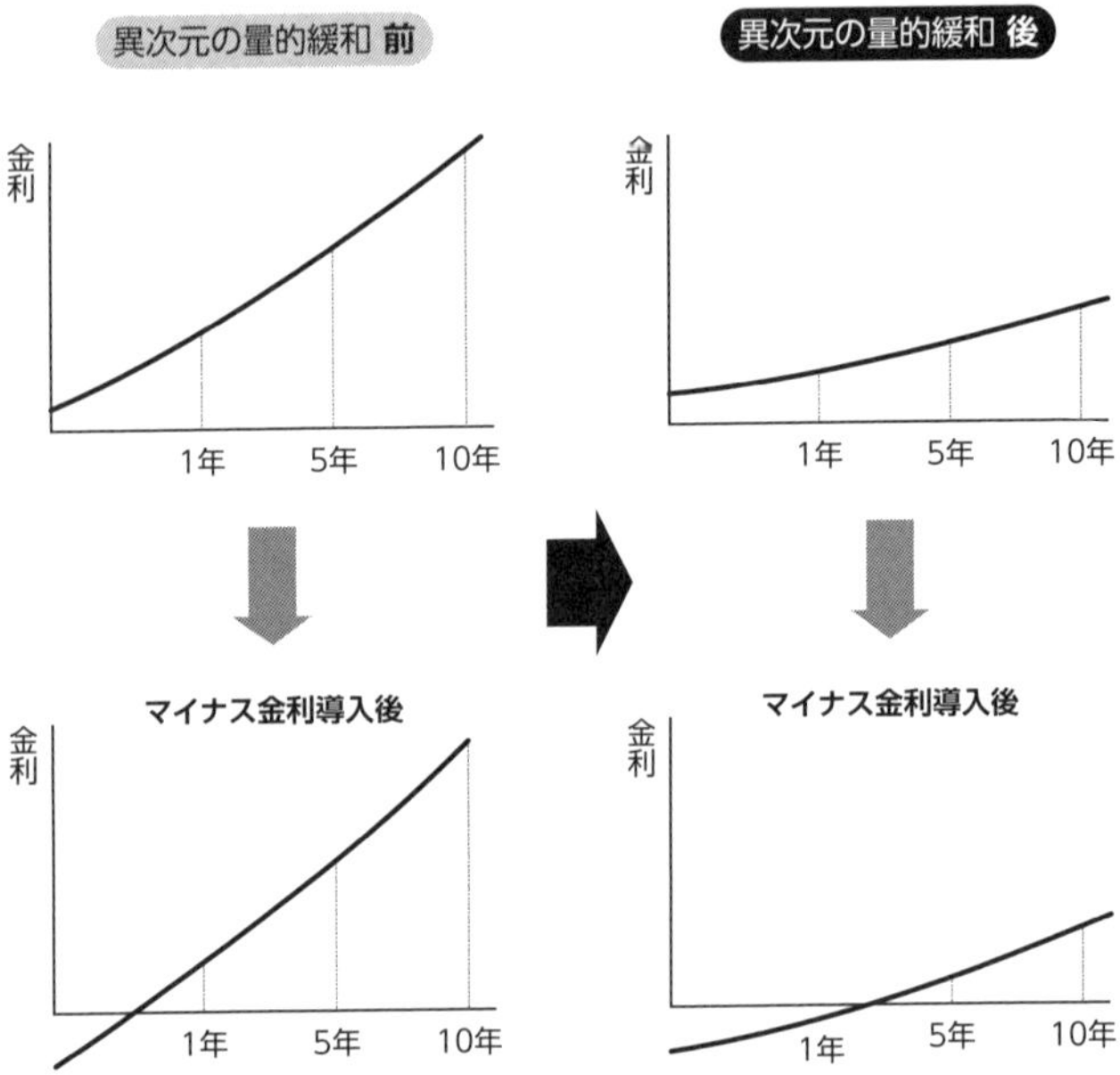

日銀はイールドカーブを寝かせることで
銀行経営をおかしくしている。

します。

参考　2018年6月14日参議院財政金融委員会での私の質問に対する麻生大臣の答弁

○国務大臣（麻生太郎君）／一概にこれというものがあるわけではないと思っております。

まず第一に、やっぱり、昭和20年この方、70数年間で初めて起きたデフレーションによる不況。デフレってやった経験者がゼロですから。日本だけで限りません、世界中ゼロですから。そういったもので、デフレをやったことのない人がデフレ対策をやるというのは、元々経験則を使えませんから、そういった意味では極めて難しい対応を迫られたということだと思っております。それが一番大きな原因に、一つに挙げられると思います。

続けて起きてきますのは人口減少という言葉で、長期的にはこれは日本最大の課題だと思いますが、その人口減少が、地域からいわゆる大都市に人口移動に伴う集中が起きておりますことによって、そういった地域において、人口減少の著しい県においては経営が極めて厳しくなっていった。それが2つ目だと思います。

3つ目は、これまで、我々、金があればそれを通して人が借りに来るという前提で経済学、経営学の本は書かれていますけれども、初めて金があっても人は借りに来ないという状態が起きておりますので。自己資本ですべてやる。いわゆる直接投資、直接投資というか直接融資で全部やるという、直接金融をやるということで、間接金融より直接金融を選ぶという方向に大きな流れが、経営者の意識感覚としてもそういったことになっていったというようなことが総合的に起きて、地方にあります地方銀行というのがその経営が厳しくなっていった。それに多分マイナス金利というようなものも重なってきたんだと思っております。

②預金者の負担増

長短金利差縮小で、銀行の経営悪化問題が起こった場合、銀行が取り得る防衛策はコスト削減と顧客へのサービスによる収入の増加です。有人店舗が減って、なんとなく不便になったと感じる読者の方もいるでしょう。

また多くの銀行で両替手数料が有料化されました。今後は送金手数料の値上げや、少額残高しか置いていない預金口座に手数料をかけることが予想されます。たとえば平均残高が100万円以下の口座からは毎月1万円ずつ差し引くという仕組みも米国ではすでにポピュラーです。マイナス金利と同じ概念と言ってもいいでしょう。預金を置いておくと費用を取られるのです。銀行としては維持コストがかかるから当然だという論理です。

2016年、休眠口座の預金を預金保険機構経由でNPO法人に配布するとの議員立法が成立しました。議員は皆、いいかっこをしたかったのでしょうが、私は反対でした。

この法律が通っても、休眠口座の預金はほとんどが少額でしょうから、右に述べた口座保管手数料がかかるようになれば数年で霧散してしまうでしょう。このように無駄な仕組みだと思ったのが一つの理由です〈その他の理由は〈参考〉をご参照ください〉。

異次元緩和によって、預金者もこの項で述べてきたようなコストを払わされつつあるのです。それ以上に、出口がないとわかったときに国民が支払うコストは甚大であることを忘れてはなりません。そのコストとはこの本の後半部に詳述してあるハイパーインフレというコストです。

参考

私が反対したのは、休眠口座預金は銀行の収益（＝タクシー降車時に「釣りはいらないよ」と言われた釣銭はタクシー会社か運転手の収入）なのが本来の姿だから、せめて「預金保険機構」にとどめ「将来の金融危機に備える」か「預金保険料率の低減（＝預金者がその分高い金利をもらえるはず）」に充てるべきとの理由からでした。「どのNPO法人へこの金を分配するか」で政治家が暗躍するのもよくありませんし、余ったお金は「すぐ国庫へ」という安易な発想もよくありません。悪用されるリスクもあります。政府がお金を徴収するのは、事前に税率が決められている税金という形のみであるべきだと考えます。

③法定準備率を引き上げるとどのくらいの損が出るか？

金融引き締めの手段として「法定準備率の引き上げ」という方法も考えられます。2018年5月22日の財政金融委員会で黒田総裁に確認いたしました（〈参考〉をご参照）。

伝統的金融政策下においても、法定準備率を変更するのは金融引き締めの手段として存在したのです。日銀当座預金のうち義務的に積んでおかなければならないのが法定準備預金です。2018年3月末で9兆8836億円の残高です。

準備率は2兆5000億円超の定期性預金には1・2％、1兆2000億円超で2兆5000億円以下の残高の定期性預金には0・9％、2兆5000億円超のその他の預金には1・3％など、預金の種類や金額によって細かく決まっています。

最近では1986年12月、1991年10月16日に変更されています。たとえば1991年10月16日の変更では2兆5000億円超の定期性預金の準備率を1・75％から1・2％に下げています。これは金融緩和を行ったということです。

この料率を逆に引き上げると、日銀に留め置かねばならない金額が増え、融資に回すお金が減少して金融引き締めの効果が出るわけです。ただ準備預金は銀行の資産ですから、その金利をゼロとするのは、ペナルティ（銀行課税）にほかなりません。したがって「準備預金制度に関する法律」第4条で準備率は20％以下、民間銀行の負担を考えなければならないと規定しています〈後述の〈参考〉ご参照〉。

少し前までは、この料率を大胆に引き上げればいいじゃないか、という論者がいました。私も金融引き締めで（小さい可能性でも）効果があるのはこの方法（上限変更を含めて大胆に）くらいかな？　と思っていたのです。

法定準備預金には、準備金以外の日銀当座預金とは異なり、金利がつきません。したがって準備率を上げておけば短期金利引き上げ時、日銀の金利支払いは低く抑えられ、日銀のバランスシート（ＢＳ）の悪化が防げるのです。

しかしながら２０１８年７月31日の日銀金融政策決定会合で明らかになったように、地方金融機関の経営が苦しくなっています。ただでさえ経営が苦しいのに、利上げ時、預金には高い金利を払う一方、利益を生まない資産（法定準備預金）が増えれば倒産の危機です。

この方法では日銀が助かっても、民間金融機関の連鎖倒産による金融システム危機が生じてしまうのです（具体的な考察は〈参考〉ご参照）。

参考　2018年5月22日参議院財政金融委員会での私の質問に対する黒田総裁の答弁

○**参考人（黒田東彦君）**／いずれにいたしましても、預金準備率の引き上げそのものにつきましては、法律で通貨の調節を図るため必要があると認める場合には預金準備率等を変更することができるとされているわけですが、その際には金融機関の預け金の保有に伴う負担を考慮しなければならないというふうにされておりまして、そうした点も含めて慎重に検討する必要があると思いますが、いずれにせよ、出口の局面での手段あるいはその順序については、その際の経済、物価、金融情勢次第であるというふうに考えております。

参考 **「準備預金制度に関する法律」**

（準備率等の設定、変更又は廃止）

第四条　日本銀行は、通貨の調節を図るため必要があると認める場合には、準備率又は基準日等（指定勘定増加額に係る基準日又は基準期間をいう。以下同じ。）を設定し、変更し、又は廃止することができる。

2　前項の準備率は、百分の二十（第二条第三項第四号に該当する指定勘定に係る準備率については、百分の百）をこえることができない。

3　日本銀行は、第一項の規定により準備率又は基準日等を設定し、又は変更しようとするときは、指定金融機関の前条の規定による預け金の保有に伴う負担を考慮しなければならない。

参考 「準備預金制度に関する法律」第4条を改正し上限を引き上げ、第3項を無視するとどうなるか？

「準備預金制度に関する法律」第4条では準備率は20％が上限と決まっていますが、緊急事態だからとの理由で法律を改正し、思いっきり準備率を高くする（たとえば30％）と、どうなるでしょうか？

現在の日銀当座預金は384兆円（2018年5月末）です。現在そのうちの10兆円弱が利息ゼロの法定準備預金です。現在の国内銀行の預金等は1000兆円強ですから、準備率を30％に上げると約300兆円が法定準備預金となります。

法定準備預金への利息はゼロですから、日銀の金利支払いは残り約80兆円（384兆円－約300兆円）に対してだけとなります。これなら日銀はいくら利上げを誘導しても、損の垂れ流しにはなりません。しかし民間銀行の方は悲惨です。

利上げ時にもCPI（消費者物価指数）が日銀目標の2％に安定的に達したら、さすがに銀行預金の金利は2％になるでしょう。そうしないと物価上昇に金利が追いつかず、預金者はどんどん預金を減らしていってしまいます。

金融機関は2％の金利を払った預金のうち300兆円分の法定準備預金を、受取利息ゼロで日銀に置いておかねばなりません。300兆円×2％で6兆円の収益が失われます。

2018年3月期の地銀全体の最終利益が9824億円、5大銀行グループの連結最終利益合計が2兆6908億円、世界最大規模のゆうちょ銀行の純利益が3527億円で計4兆円ですから、6兆円分の収益が失われるとほぼ全行が赤字。日本の金融機関は全滅すると思われます。日本で残る銀行は日銀のみという事態になります。

コラム　長男けんたの質問

「伝統的金融政策に戻したい場合、日銀当座預金と法定準備預金をほぼ同額にしなくてはいけない」のなら、日銀が民間銀行の過剰準備金に大きなペナルティを科して現金保有を促せばいいではないか？　と長男けんたが聞いてきました。現実問題として現金をそんなに持ったら保管場所がないだろうという問題があるにしても、もし異次元緩和が小規模で、日銀当座預金が法定準備預金より少額しかオーバーしていないのならそういう解決法もあるのかもしれません。

しかしここまで大規模に異次元緩和をしてしまい、かつ民間金融機関の経営が悪化していると、それは無理です。景気が過熱したときに（引き締めで日銀当座預金なら利息をもらえるのに）発行銀行券という収益を生まない資産に変換を強いられたら、民間銀行はかなりの経営悪化だからです。預金準備率の引き上げと同じことになるわけです。

Ⅱ 出口に関する日銀幹部の詭弁《きべん》

1「金利が低いのは財政再建への信認が高いから」という嘘

2014年3月5日の参議院予算委員会での私の質問に対して麻生大臣は「これだけ大量に国債が発行されて、普通だったら、おっしゃるように信用がなくなったら金利が上がらなきゃおかしいですね。どうして下がるんですかね。これに対するお答えを答えられた経済学者ってまだ一人もいらっしゃらぬのですけれども、現実問題、我々が今まで起きたことがないようなことに直面しているんですよ」とおっしゃいました（後述の〈参考〉ご参照）。

「冗談じゃない、経済学者には答えられなくても、私なら一発でわかる、日銀が爆買いしているからだ。新しく登場した買い手が市場規模の7割も買えば値段は暴騰（＝長期金利は急低下）する。何も国債市場でなくてもどんなマーケットでもそうだ」と思いましたね。その旨を何度もお話しさせていただいたら、最近はさすがにそのような答弁はされなくなりました。

民間金融機関は国債保有を減らしています（後述の〈参考〉ご参照）。そうであれば金利は上昇するはずなのに、日銀がそれ以上の爆買いによって長期金利を強引に抑え込んでいるにすぎないのです。

金融庁の答弁では、異次元緩和導入直前の２０１３年３月末の地域銀行の国債保有額が45・8兆円だったのに対し、２０１７年９月末は29・0兆円と４年半で16・8兆円も減らしているそうです（後述の〈参考〉ご参照）。最近は、日銀はステルステーパリング（中央銀行がひそかに金融緩和の加速をやめること。注：金融緩和を縮小することではない）と言って年間購入量を減らしてはいますが、公式的にはいまだ年間80兆円の純増です。この80兆円増と地域銀行の現在の国債保有残高の29・0兆円とを比べてください。「日銀が爆買いしている」と私が表現するのがおわかりかと思います。私が金融マンだった頃はほぼゼロです。

麻生大臣にはわかっていただいたと思ったら、２０１８年６月５日の財政金融委員会で、なんと若田部日銀副総裁までもが同じような答弁をされたのです（後述の〈参考〉ご参照）。まさか金融の専門家までがこんな認識だとは思ってもいませんでした。いくら実務経験がないといっても、「価格と需要・供給の関係」くらいは経済学の基本中の基本ですから知っているでしょうに。それとも日銀が爆買いしていることも知らずに副総裁に就任されたのでしょうか？

いくら財政赤字を膨らませても（異次元緩和の名のもと）日銀が国債を爆買いして長期金利を低位安定させれば、痛みがなくなり赤字拡大の歯止めがかからなくなります。

そのような弊害（＝財政の規律の喪失）すらご存知なく、金融政策を行うのでしょうか？

早稲田大学の教授だった先生がそんなことを知らないわけがありません。それとも麻生大臣がおっしゃったように、「学者の先生」はそんなことも知らないのでしょうか？

ちなみにこのときの答弁で、副総裁は私にとっては「ちんぷんかんぷん」なことをずいぶんおっしゃいました（後述の〈参考〉ご参照）。

2018年4月16日の決算委員会の後、某新聞社の偉い方から以下のメールをいただきました。

「決算委員会の質疑、拝見しました。若田部副総裁たじたじで、いいものを見せていただきました。これまでは適当な専門用語をちりばめて、ごまかすこともできたのでしょうが、副総裁になって国会に出てくれれば、こうして藤巻さんのようなプロの質問を受けなければならないわけです。そのつらさ、厳しさを実感したのではないかと、思いました。『根性論じゃないんですよ！』というのは、全く同感です。リフレ派の理屈が理屈になっていないことを、国会論議のなかで、思い知らされることでしょう」

若田部副総裁のこの日の答弁を聞いていて、このメールのことを思い出しました。ドーマーの条件だとか専門用語をちりばめてごまかそうとしているな、と。

残念ながら、これらの用語は私にもおなじみの言葉なんですよ。

参考 2014年3月5日参議院予算委員会の私の質問に対する麻生大臣の答弁

○**国務大臣（麻生太郎君）**／これまでも、藤巻先生、これだけ大量に国債が発行されて、普通だったら、おっしゃるように信用がなくなったら金利が上がらなきゃおかしいですね。どうして下がるんですかね。これに対するお答えを答えられた経済学者ってまだ一人もいらっしゃらぬのですけれども、現実問題、我々が今まで起きたことがないようなことに直面しているんですよ。間違いないでしょう。我々も、これは正直言って1・8上がるかと思ったら0・6切ったという話ですから、正直言って我々も、日本の国債というものに関してはかなりの信用があるから買われているんだと私どもも思っております。

参考 ㈱ゆうちょ銀行の国債保有高・運用状況の推移

左頁の図ご参照。

参考 2018年6月14日参議院財政金融委員会での私の質問に対する遠藤俊英金融庁監督局長（現金融庁長官）の答弁

○**政府参考人（遠藤俊英君）**／地域銀行の国債保有状況について申し上げます。量的・質的金融緩和が導入されました2013年4月直前の2013年3月末の地域銀行の国債保有額

㈱ゆうちょ銀行の国債保有高・運用状況の推移

(単位:百万円)

	国債	(運用合計に占める国債比率)	運用合計
2007(H19)年度末	156,773,157	76.44%	205,070,154
2008(H20)年度末	155,490,155	80.16%	193,953,196
2009(H21)年度末	155,891,563	81.10%	192,214,083
2010(H22)年度末	146,460,963	76.78%	190,745,313
2011(H23)年度末	144,939,816	74.91%	193,464,043
2012(H24)年度末	138,198,732	69.91%	197,665,164
2013(H25)年度末	126,391,090	63.08%	200,345,567
2014(H26)年度末	106,767,047	51.86%	205,865,404
2015(H27)年度末	82,255,654	40.14%	204,876,683
2016(H28)年度末	68,804,989	33.20%	207,193,492
2017(H29)年度末	62,749,725	30.20%	207,733,576

は45・8兆円でございました。それから4年半後の2017年9月末における保有額は29・0兆円ということでございます。地域銀行の国債保有額は減少傾向にございます。

参考　2018年6月5日参議院財政金融委員会での若田部副総裁との質疑

○（藤巻健史君）／（省略）日本というのはギリシャとかイタリアよりもかなり財政状況は悪いわけです、対GDP比でね。それにもかかわらず0・04%ですよ。財政黒字のドイツでさえ0・41%、それにも比べて日本の長期金利の方が低い、これ、どうしてだと思われます。

○**参考人（若田部昌澄君）**／安定的に長期金利が推移するというためには、これ中長期的に財政を再建していくということについての市場の信認というのが重要であると、これはまあ申し上げるまでもないと思います。これは御指摘のとおりだとは思います。

この点につきまして、私は、日本政府の現在の財政についての市場の信認というのが厚いのであるというふうに一つは考えられるんじゃないかと思います。（中略）

もう一つは、いわゆる経済学で言うとドーマーの条件というのがございますけれども、名目成長率とそれと長期金利との差というものが、日本の場合は名目成長率の方が長期金利よりも上がっていることによりまして、財政が好転するような条件が整いつつあるということでございます。

ですので、私としては、そういった日本政府の取組というものに対する市場の信認というのがあるのではないかというふうに考えております。

参考 ドーマーの定理について

若田部副総裁はドーマーの定理まで持ちだして、「長期金利が低い理由」を説明されましたが、私には何をおっしゃりたいのか、さっぱりわかりませんでした。ドーマーの定理とは「財政の基礎的財政収支（プライマリーバランス／PB）が黒字化した後、名目成長率＞長期金利ならば財政は再建できる」という定理で、私が国会で「中長期の経済財政に関する試算をみるとPB黒字化後は名目成長率＜長期金利ではないか。これではPB黒字化してもドーマーの定理からして財政は再建できない」とよく質問に使った定理です。

（ちなみに、しつこくこれを国会で指摘してきたら、最近の試算ではPB黒字化後は「名目成長率＞長期金利」に変わりました。鉛筆なめてるな、と思っています）

しかし、なんですかね？　若田部副総裁は、現状「名目成長率＞長期金利」だから市場が中長期的な財政再建を信じていると言うのですかね？　そういうのを机上の学問と言うのではないでしょうか？　私の長いマーケット経験からすると日本ではずっと「名目成長率＜長期金利」で、「名目成長率＞長期金利」になったのは日銀が国債を爆買いして長期金利を低く抑え込んだ最近からにすぎないのですが。

❷「日銀保有国債の金利も上昇するから問題ない」という嘘

前章で「日銀当座預金の付利金利を上げていくと損の垂れ流しになり、近い将来日銀は債務超過になる」と書きました。その点を私は2017年5月18日の参議院財政金融委員会で質問しました。岩田副総裁の答弁は「当座預金に対する付利金利を引き上げる場合には、長期金利も相応に上昇すると考えられます。したがって、当座預金に対する支払利息が増加する一方で、日本銀行の保有国債の利回りも次第に上昇していきます」でした（後述の〈参考〉ご参照）。

「冗談じゃない、こちらは素人じゃないんだ」と思いました。あまりに稚拙な回答です。異次元の「量的・質的緩和」の「量的」というのは大量に国債を買い資金を供給することですが、「質的」というのは「長期国債」の大量買いのことです。私がモルガン銀行に勤務していた1990年代は日銀の国債購入自体が少なく、かつその中でも長期国債などごく少量でした。「成長通貨」と言って回収する必要のないお金を供給するときにだけ長期国債を買っていたのです。1992年末の日銀国債保有高は23兆円。そのうち政府短期証券（期間60日程度という短期）が15兆円ですから、長期債購入がいかに少なかったかがわかります。

1998年末の保有残高は52兆円で、うち短期政府証券が23兆円です。しかし現在の保有残高は459兆円でそのうち、440兆円が長期国債なのです。長期債が大部分なのです。

短期証券の保有なら、満期がすぐに来て新しい高利回りの債券に入れ替わり、受取収入も増える、というのはわかりますが、長期債を保有しているとなると、満期ははるか先。固定金利ですから利息収入など長期間増えないのです。

岩田副総裁が、いかに答弁に困っていい加減なことをおっしゃったかがおわかりかと思います。そんな答弁で、日銀の財務状態は将来にわたって健全だと思う人がいるのでしょうか？

ちなみに2018年3月26日に黒田日銀総裁に同じ質問をしてみましたが、答弁は岩田前副総裁と同じでした。がっかりです（後述の〈参考〉ご参照）。

参考 2017年5月18日参議院財政金融委員会での私の質問に対する岩田副総裁（当時）の答弁

○**参考人（岩田規久男君）**／将来の出口の過程における日本銀行の収益に対する影響について申し上げますと、経済・物価情勢が好転し、当座預金に対する付利金利を引き上げる場合には、長期金利も相応に上昇すると考えられます。したがって、当座預金に対する支払利息が増加する一方で、日本銀行の保有国債の利回りも次第に上昇していきます。このように、出口の過程において、日本銀行の収益は保有国債に対する利払いの保有資産から生じる収益と当座預金への付利金利などの負債に係る費用などの差などによって決まってきます。

先行き日本銀行の収益が実際にどのようになるかは、将来の経済・物価情勢の下での金利環境に加え、日本銀行がどのような手段を用いていくかということによって大きく変わり得るものであります。

○**藤巻健史君**／今のは、私には詭弁に思えてしようがないんですけれども。

じゃ、保有国債の、質問通告ないんですが、保有国債の残存平均期間って何年ですか。たしか、私は7年ちょっとだというふうに理解しておりますけれども。

何を申し上げたいかというと、私が現役だった頃、日本銀行というのはほとんど成長マネー以外に長期国債なんか買っていなかったですよ。ですから、ほとんど短期国債ですから、それは満期が来れば保有国債の利回りが上がっていくというのはわかりますけれども、今、この前も聞きましたけれども、40年国債買っているわけですよ、ものすごい低い金利で。これ、すぐに上がるんですか。40年たたないとそれ、利回り上がらないですからね。ということで、金利が上がれば資産サイドの収入も上がるというのは、まさに詭弁そのものだと思います。

○**参考人（岩田規久男君）**／先ほど藤巻委員がおっしゃったように、日本銀行の保有国債の平均残存期間は大体7・4年、7・4年でございます。

金利が当座預金は上がっていきますが、それとともに、残高をある程度維持している間、借り換えている間にだんだんだんだん長期金利、日本銀行が持っているのが上がってくるわけでありまして、それが何か40年間ずっと日本銀行の持っている国債の金利が上がらないというわけではありませんので、今、藤巻先生がおっしゃったような、そのような心配はないというふうに考えております。

○**藤巻健史君**／それはスピード感の問題であって、何年も掛かって、それは7年、まあかなり長い間になれば上がるというのはわかりますけれども、当座預金はもう日々上がって、インフレになっていけば日々上がっていくわけで、それが黒字になるというのは時間の要素を全く無視している話じゃないかなというふうに思います。

参考 **2018年3月26日参議院予算委員会での私の質問に対する黒田総裁の答弁**

○**参考人（黒田東彦君）**／従来から申し上げておりますとおり、量的・質的金融緩和からの出口の局面では、日銀当座預金に対する付利金利の引き上げなどによって収益が減少しやすい面があります。一方、その際は、経済・物価情勢の好転により長期金利も上昇すると考えられますので、日本銀行の保有国債がより利回りの高い国債に入れ替わり、受取利息も増加することになります。

3 「償却原価法を使っているから問題ない」という嘘

前章で私は「日銀は年間国債発行額の7割を買っている」と書きましたが、要は「日銀は発行残高の4割超という巨額の国債を保有しているから、長期金利が上昇（＝価格が下落）したら日銀は評価損で大変だ」ということです。その点を私は2018年3月26日の参議院予算委員会で質問しました。

黒田日銀総裁の答弁は「償却原価法を採用しているから評価損が表面に出てくることはないので大丈夫だ」というものでした（後述の〈参考〉ご参照）。

さらには2018年4月16日の参議院決算委員会でも、若田部副総裁が同じ回答をされています〈後述の〈参考〉ご参照〉。何をおっしゃっているのだか？　簿価会計でコトが済むのなら、ほとんどの会社は倒産していません。北海道拓殖銀行、日本債券信用銀行、山一證券、三洋証券等々、皆、倒産なぞしていないはずです。時価100円で買った株が10円に下落していれば、その会社の資産を評価する際は10円で評価するのが当たり前です。いくら簿価会計で黒字でも、時価評価をしてみると債務超過だとわかれば、その会社の株は売られ、資金は潮が引くように流れ出てしまいます。それで資金繰り倒産をするのです。

リーマン・ブラザーズの倒産劇はその典型です。日銀といえども同じです。簿価会計で財務内容が健全だと主張しても、市場はそうは見てくれません。時価評価で計算して債務超過だとわかれば、信用は失墜でしょう。そんな中央銀行が発行する通貨など誰もいりません。円は暴落、ということです。

ちなみに債務超過に転じるまで市場が動かないなどということはありません。債務超過の気配を市場が読み取っただけでアウトです。

日銀は考査で民間銀行に時価会計の重要性を説き、時価会計を要求しているのに、日銀自身は時価会計をしていないのです。このダブルスタンダードはなんなのでしょう？　時価会計は資本主義の原点。時価会計で透明性が確保できていなければ、投資などできないのです。

金融庁は数年前、国債保有が巨額の地銀に関し「金利上昇時のリスクが高すぎる」とのレポートを出しました。なぜ金融上昇期には地銀は危ないと思うのに、日銀は大丈夫だと思うのでしょうか？　と国会で聞きましたが、金融庁の答えは「管轄外のこと」でした。

臨時国会では、日銀を管轄する会計検査院に聞いてみようと思っています。

何はともあれ、この質問に関しても、日銀幹部はシドロモドロ（ご自身で非合理なことは十分おわかりでしょうが）の答弁をしているのです。そう答弁するしかないのでしょう。

参考　**2018年3月26日参議院予算委員会での私の質問に対する黒田総裁の答弁**

○参考人（黒田東彦君）／日本銀行は、保有国債の評価方法につきましては償却原価法を採用しております。このため、国債の市場価格が下落したとしても、決算上の期間損益において評価損失が計上されることはありません。

参考　**2018年4月16日参議院決算委員会での私の質問に対する若田部副総裁の答弁**

○参考人（若田部昌澄君）／そのほか、日銀がやっているいわゆる償却の方法というのが、含み損が出ても、それをすぐに反映するような仕組みではないというような会計上の規則などもございますので、その限りにおいては心配する必要はないということでございます。

4 「日銀には通貨発行益があるから問題ない」という嘘

2018年3月14日並びに3月26日の参議院予算委員会で、私が黒田日銀総裁に「国債をこんなに巨額に保有していると、長期金利が上昇して評価損で大変なことになりませんか?」とお聞きしたら両日とも、「通貨発行益が継続的にあるから大丈夫です」とお答えになりました（後述の〈参考〉ご参照）。

通貨発行益《シニョリッジ》とは日銀の保有資産から挙がる収益（大部分が保有国債の受け取り利息）から、負債サイドで支払うコストを引いた金額です。以前は日銀の負債とは発行銀行券がほとんどでしたから、保有国債からの金利収入額そのものが通貨発行益となりました。

ところが現状は負債で一番大きなものは日銀当座預金です。日銀当座預金はすでにご説明したように、皆さんが銀行に預金するがごとく民間銀行が日銀に持っている預金口座です。現在、この大部分には0・1%しか金利を支払っていませんから、支払利息はさほど大きいものではありません。したがって、今は約1兆3000億円前後の通貨発行益があります。

黒田総裁は「この通貨発行益があるから、たとえ一時的に債務超過になっても大丈夫だ」とお答えになられたのです。

冗談じゃありません。前章で述べたように、日銀が短期金利を上げる方法は、日銀当座預金への付利金利の引き上げしかありません。1%上げれば3・8兆円の金利支払いです。収入は1・3兆円と、今後しばらくほとんど変わらないでしょうから、損の垂れ流しです。通貨発行益どころか通貨発行〝損〟が間違いなく予想されるのです。何が「通貨発行益があるから、たとえ一時的に債務超過になっても大丈夫」なのでしょう？

確かにはるか遠い未来に再度、通貨発行益が発生する可能性もあります。しかし毎年の損失の垂れ流しで巨大な債務超過状態になり、さらには巨大な評価損を抱えた中央銀行が、債務超過が縮小し、健全な財務内容に戻るまで存続しうるものなのでしょうか。信用失墜の中央銀行が発行する通貨など誰も信用しませんから、円の暴落状態が続きます。暴落した円では、石油も外国産農産物も肉類も買えません。そんな時代が長期間続いて、日本は大丈夫なのでしょうか？

ちなみに黒田総裁だけではなく岩田副総裁も2017年3月21日、参議院財政金融委員会での私の質問に対し、同じような回答をされています（後述の〈参考〉ご参照）。

岩田副総裁は「何か日銀がなくなっちゃうというようなことは、ちょっと考えられないということであります」とおっしゃいました。逆に私は、岩田副総裁は「将来日銀がなくなる可能性があることを認識している」のではなかろうかと思いました。そうでなければ、そんな発言は普通出てきません。

さらに2018年4月16日の参議院決算委員会では若田部副総裁も同じ回答をされました（後述の〈参考〉ご参照）。皆、苦し紛れです。

ちなみに（日銀の方ではありませんが）「政府・日銀は通貨発行をできるのだから破綻するわけがない」などと発言する識者（？）がいるようですが、「発行できる」のと「その通貨が信用される（＝流通する）」とは全く別問題であることも付言しておきます。「通貨が発行できればいい」のではなく、「信認のある通貨を発行することが必要」なのです。

参考 **2018年3月14日参議院予算委員会での私の質問に対する黒田総裁の答弁**

○**参考人（黒田東彦君）**／日本銀行が保有する国債については、2017年9月末時点で9・2兆円の含み益超となっております。将来、金利が上昇した場合、金利上昇によっては含み損に転化する可能性はありますけれども、その場合でも、中央銀行には継続的に通貨発行益が発生するので、円の信用が毀損《きそん》されることはないというふうに考えております。

参考 **2018年3月26日参議院予算委員会での私の質問に対する黒田総裁の答弁**

○**参考人（黒田東彦君）**／日本銀行は、利息の受け払いによって収益が上振れる局面でその一部を積み立てることができるよう、債券取引損失引当金を拡充しております。この措置は、こういった量的・質的金融緩和に伴う収益の振幅を平準化し、財務の健全性を確保する観点から一定の効果を持ち、事前の対応としては十分なものと認識をいたしております。

なお、現行の日本銀行法では政府による損失補塡《ほてん》に関する条項はありません。そのことを踏まえながら、日本銀行は適切な金融政策運営に努めているところでございます。

参考 2017年3月21日参議院財政金融委員会での私の質問に対する岩田副総裁（当時）の答弁

○**参考人（岩田規久男君）**／結局、理論的には、日本銀行というのは必ず長期的に見れば収益が確保できるように仕組みとしてなっているわけでありまして、おっしゃるように短期的には逆鞘が生じるというようなこともあるかもしれませんけれども、それが長期にわたってずっとなっていくという、何か日銀がなくなっちゃうというようなことはちょっと考えられないということであります。

参考 2018年4月16日参議院決算委員会での私の質問に対する若田部副総裁の答弁

○**参考人（若田部昌澄君）**／先ほど述べたいろいろな手段の中で、金利の上昇によらないものもございます。例えば、所要準備率の引き上げなどはそうですが、仮に金利を上げるということになりますと、当然日銀のいわゆるバランスシートにおいて含み損が生じてくるという可能性は、これはあるわけでございます。

ただ、中央銀行というのは、これは継続的に通貨発行益が入ってくる存在でございまして、その意味では、中央銀行としての日本銀行の財務に対して、一時的には例えば含み損が生じることがあっても、長期的にはその含み損というのは必ずこれから入ってくる長期的な通貨発行益によって賄われるということでございます。

5「海外中央銀行の先行事例を踏まえて」という嘘

2018年3月14日の参議院予算委員会で、私が黒田日銀総裁に「バランスシートを縮小できますか?」とお聞きしたとき、総裁は「海外の中央銀行の先行事例なども踏まえ」と答弁されました（後述の〈参考〉ご参照）。

これだけ聞くと、先達（＝外国の中央銀行）の学習結果を生かして最後に出口戦略を行うから簡単だ、と言っているように聞こえます。

しかし、とんでもないのです。出口から出るのが最終ランナーになったのは「まだCPI（消費者物価指数）2%が達成されていないから」ではなく、「出口がない」からです。出ようにも出口がないだけの話です。

バランスシート（BS）規模の対GDP比は日銀99％、BOE（英国中央銀行）22・2％（2016年2月）、ECB（欧州中央銀行）33・8％（2016年12月）、FRBは24％（テーパリングを始めた直前）です。

日銀のBSが他国の中央銀行に比べて断トツにメタボなのが、この数字からおわかりかと思います。経済規模に対して桁外れにお金を供給しているということです。日銀の異次元緩和は他国とは比べものにならないほどすさまじいのです。

この減量（＝BS縮小）は大変です。対GDP比で日本の4分の1規模のBSしかないFRBが、あんなに苦労しているのです。その4倍もメタボの日銀が、よくシャアシャアと「海外の中央銀行の先行事例なども踏まえ」などと言えるものだと感心してしまいます。体重68キロの私がダイエットに成功したとしても、その方法は元力士の小錦さんには参考にはなりません。小錦さんは確か胃袋を手術で小さくしたと記憶しています。

他国の中央銀行ができたから日銀もできるなどと言われても、私には「は～？」としか返事のしようがないのです。

2017年度の日銀の経常利益は1兆2287億円です。運用資産の平均利回りが0・264％しかないのですから、収入が少ないのは当たり前です。

一方、FRBの2017年暦年の純利益は、約9兆1200億円もあります。大変な違いで

日銀とFRBの財務状況の違い

	日銀	FRB
	（2018年3月末）	（2017年12月末）
当座預金残高	378兆円	2兆ドル　（約226兆円）
保有債権残高	453兆円	4.4兆ドル　（約497兆円）
	（2017年4月～2018年3月末）	（2017年1～12月）
純利益	1兆2287億円（経常利益）	807億ドル　（約9兆1200億円）（経常利益）
債券関連益	—	1122億ドル（約12兆6700億円）

す。これは平均利回りが２・６％もあるからです。

なお、上の図を見てお気づきかと思いますが、ＦＲＢの債券関連益（利息受け取りが主）は約12兆６７００億円もあるのに、純利益となると約９兆１２００億円と大きく減額します。これはＦＲＢが利上げを開始しているからです。ごく大ざっぱに言えば「債券関連益－ＦＲＢ当座預金に対する支払金利＝純利益」ですが、ＦＲＢ当座預金に対する付加金利が、この時点（２０１７年12月末）で１・２５～１・５０％だったからです。２０１８年９月26日には政策金利を２・０～２・２５％へと引き上げましたから、支払金利はさらに増えるはずです。

一方、債券関連益は長期固定金利の債券保有が多いため、そう簡単には増えません。結果、純利益は大きく減るでしょう。さらに利上げが続き、支払金利がさらに増えれば、いずれ損の垂れ流しになります。

ＦＲＢの当座預金残高は２兆ドルですから、１％当たり２

00億ドルの支払金利増です。

2017年の純利益が807億ドルありますから、807億ドル÷200億ドル＝4・035%。

したがって1・25～1・50%より4・035%高いところ、すなわち5・285～5・535%に政策金利を引き上げるまで、損の垂れ流しは始まらないのです。

それに対し日銀は、日銀当座預金金利（政策金利）をたった0・3%引き上げ、0・4%にした段階で、損の垂れ流しが始まってしまうのです。日銀当座預金残高が378兆円もあるからです。378兆円×0・3%＝1兆1340億円。この支払金利増で、現状の純利益1兆2287億円はほとんどなくなります。

なお、（数字が取れなくて恐縮ですが）日銀は現在、純利益と債券関連損益の差はほとんどないはずです。短期金利引き上げ（＝日銀当座預金への付利金利引き上げ）をまだ開始していないからです。現状はたったの0・1%が付利金利です。

政策金利を0・4%に引き上げると損の垂れ流しが始まる日銀が、5・285～5・535%まで政策金利を引き上げて初めて損の垂れ流しを心配するFRBを、参考にできるのでしょうか？

日銀は参考するもしないも、短期金利をちょっと引き上げれば、損の垂れ流しが始まってしまうのです。中央銀行が損の垂れ流し？　え、え、え？　です。

参考　2018年3月14日参議院予算委員会での私の質問に対する黒田総裁の答弁

○**参考人（黒田東彦君）**／量的・質的金融緩和からの出口に際して、拡大したバランスシートの扱いが一つの課題となるということは御指摘のとおりであります。

もっとも、海外の中央銀行の先行事例なども踏まえ、その時々の状況に応じて保有国債の償還や再投資などもうまく組み合わせることによって、市場の安定を確保しながら適切なペースでバランスシートを縮小していくことは十分可能だと考えております。

6 「インフレ目標を堅持する限り長期金利は上がらない」という嘘

2018年4月16日の参議院決算委員会で私がハイパーインフレになる可能性をお聞きしたら、若田部副総裁は「インフレ目標を堅持する限りにおいてはあり得ない」とお答えになりました（〈参考〉ご参照）。それでは根性論にすぎないのではないでしょうか？

「どのようなインフレを抑える手法を持っているか」が重要で、その方法をお聞かせいただければ、私も納得できるのですが、その回答では無理です。

今まで散々「今の日銀が考えている方法では金融引き締めができない」と私が追及し、それへの反論ができていないときに、「インフレ目標を堅持する限りにおいてはインフレはあり得ない」と言われても、私にはどうしても「それは根性論でしかない」と思えます。

参考 2018年4月16日参議院決算委員会での私の質問に対する若田部副総裁の答弁

○**参考人（若田部昌澄君）**／ハイパーインフレの危険性につきましてでございますが、これはやはり我々は2％の物価安定の目標というのをインフレ目標として定めておりますので、この2％を大幅にオーバーシュートすると、これが2％から3％、4％でなくて、仮に例えばハイパーインフレの学術的な定義でいうと年率1３００％ですとか、そういったところに行くようなことというのは、インフレ目標を堅持する限りにおいてはあり得ないというふうに考えることができると思います。

○**（藤巻健史君）**／（略）ましてや、若田部副総裁はよくリフレ派と言われていて、さらに異次元の量的緩和をやれというスタンスなわけですけれども、それはまさに結果をきちんとコントロールできるという責任感を持っての発言じゃなかったら、余りにも無責任ですよ。後はどうでも、野となれ山となれでは余りにも無責任だと思うんですけれども、本当にコントロールする手段をお持ちなんですね。

○参考人（若田部昌澄君）／お答え申し上げます。

私は全く根性論で申し上げているのではございませんでして、現状で金融を緩和する手段を有していると同時に、金融を引き締める手段も有しております。

日本銀行としましては、例えば、具体的には各種資金吸収のオペレーションというのがございますし、超過準備に対する、付けている付利ですね、0・1％の付利というのを上げるということも可能ですし、あるいは所要準備率を上げるといった様々な手段を有しているということでございます。

ですので、仮にインフレ率が急速に高まるというようなことがある場合でも、十分に対応可能であるというふうに考えております。つまり、我々は手段を持っているということでございます。

7「法定準備預金の準備率を引き上げる方法がある」という嘘

前節で述べたとおり2018年4月16日の参議院決算委員会で若田部副総裁は、金融引き締めの手段として「所要準備率の引き上げ」があるとおっしゃいました。また2018年5月22日の財政金融委員会で黒田総裁もそうおっしゃっています（71頁ご参照）。この方法があることは私も認識していますし、今までいろいろなところで書いてきました。

しかしながらこれも前章で述べたとおり、そんなことをしたら金融機関の連鎖倒産が生じてしまいます。

ただでさえ長短金利差の縮小で経営が悪化しているのに、利益を生まない法定準備預金を多く積まされたら、経営はもっと苦しくなります。

民間銀行は景気がよくなり顧客の預金への金利を引き上げなければいけないときに、大量の利益を生まない資産を抱えこめば、資金繰りの逆鞘さえ生じかねません。

いくら日銀幹部が大丈夫ですと言っても大丈夫なのは日銀だけの話で、民間金融機関がつぶれてしまいます。そうなれば日銀は民間銀行の仮想敵です。出口戦略の一つとして準備率引き上げを考えるわけにはいかないのです。

8「長期金利を引き上げるのは経済活性化のため」という嘘

前述したように異次元の量的・質的緩和の「質的」の意味は、日銀が「長期債を買い始めた(10年物が中心)」ということです。その目的は「お金をジャブジャブにしてデフレから脱却するため」「長期金利を下げて景気をよくするため」と理解されています。しかし本当にそうでしょうか？

真の目的は「政府の財政を助けるため」ではないかと思うのです。政府は日本最大の借金王。

しかも長期固定金利でお金を借りていますから、日銀が10年物長期国債を爆買いして10年物長期金利が低下すれば恩恵を最大限受けます。しかし一般国民や会社はどうでしょうか？

たとえば住宅ローン。住宅ローンは長期で借りますが、今までは変動型金利で借りている人が多いと思います。変動型金利は6カ月等の短期金利の水準に連動しますから、10年物長期金利が下がっても、ローン利用者は全くメリットを受けないのです。2016年2月18日の参議院財政金融委員会でこれを質問しようと、ディスクロージャー誌をチェックしました。

7年超の貸出金額を見てみますと、三井住友銀行は変動金利での貸出が27・7%、固定金利での貸出が1・7%。みずほ銀行も変動金利での貸出が12・6%、固定金利が2・3%です。残りは6年未満の短期の貸出でした。

それを踏まえて黒田総裁に「異次元緩和とは日本最大の借金王、しかもほとんどを長期固定で借りている政府を助けるためにしているのではないか？　政府を助けるために長短金利差をなくし銀行を窮地《きゅうち》に追いやっているのでは？」と聞いてみました。

黒田総裁は、好景気にして企業や家計に資するためであり、政府のためだとはお認めになりませんでしたが、苦しい回答です。

7年超の固定金利での貸出が三井住友銀行でたった1・7%、みずほ銀行でもたった2・3%しかないのに「住宅ローンでも固定金利で長期のものも相当たくさんございます」とお答えになるのですから。

参考 2016年2月18日参議院財政金融委員会での私の質問に対する黒田総裁の答弁

○**参考人（黒田東彦君）**／やはり長期金利も短期金利も、金利全般に下押し圧力を加えることによって、実質金利の低下を通じて、やはり企業や家計の経済行動に好影響をもたらすということが期待されるということが非常に大きいと思います。

○**参考人（黒田東彦君）**／確かに、フローティングでの貸出もかなりあることは事実ですけれども、他方で、御承知のように、住宅ローンとかあるいは社債とか、固定金利で長期のものも相当たくさんございます。

したがいまして、やはり、金利全般にわたって引き下げていくということが消費や投資にプラスの影響を与えるゆえんであろうというふうに考えております。

コラム

このとき同じ財政金融委員会に所属する自民党税制調査会会長の宮沢洋一君が「社債！社債！」とヤジを飛ばしてきました。確かに社債は長期金利と連動します。さすが、宮沢君。もっとも日本は間接金融の国。直接金融が主の米国と違い、日本での社債発行額は銀行融資の4分の1か5分の1にすぎません。

ちなみに宮沢君は私と小・中・高の同級生。小学校・中学校では9年間同じクラスでした。小学校では私が級長、彼が副級長だったのに、今では税問題等に関し、副級長は級長の言うことをちっとも聞いてくれません（トホホホホ・苦笑）。

❾ 異次元緩和の副作用は「銀行収益の圧迫や国債市場の取引低迷」という嘘

黒田日銀総裁は昨今、多くの講演会で「異次元緩和の副作用」についても触れるようになりました。基本的には「強力な金融緩和が金融機関の収益を下押しすれば、経営体力に悪影響を及ぼし、金融仲介機能が停滞方向に向かう可能性がある」という内容で、それが2018年7月31日の金融政策決定会合での長期金利の誘導目標を上振れさせた理由と理解されています（後述の〈参考〉をご参照）。

これらの発言に影響されているのだと思いますが、マスコミも識者も異次元緩和の副作用は「金融機関の経営悪化」だと思い込んでいるようです。

また「国債現物市場での取引が成立しなかった」などの新聞記事も散見されます。現物市場で取引が成立しなかったことを国債市場全体の取引低迷の例示としているのでしょう。しかしそれは疑問です。現在では先物市場での取引が主体で、現物市場での取引量はもともと少額なのです。もともと少ない現物市場での取引がもっと少なくなったということはあるかとは思いますが、現物債を大きく取引したいときは、先物市場と裁定しながらの相対取引（生保が証券会社に買い取ってもらうなど）を行うので、表面的には統計数字として出てこないのです。

なにはともあれ、このように世間では「異次元緩和の副作用」を「銀行収益の圧迫や国債市場の取引低迷」と捉えているようですが、最大の、そして最も恐ろしい副作用は「出口がない点」だということを忘れてはなりません。

もっとも、これは致命的すぎて副作用という表現を超えているかもしれません。

参考 **「総裁、副総裁、審議委員の講演録」（2018年4～6月）日本銀行第55号より**

・2018年5月10日　きさらぎ会における講演　黒田総裁

「金融仲介機能が停滞方向に向うリスクについては、マイナス金利を含む強力な金融緩和が、貸出利鞘の縮小などを通じて、金融機関の収益や金融仲介機能に影響を及ぼすとの指摘があります。先行き、低金利環境が継続し、金融機関収益への下押しが長期化すれば、その経営体力に累積的に影響を及ぼし、結果として、金融仲介機能が停滞方向に向う可能性がある点については注意を払っていく必要があると考えています」

・2018年5月24日 群馬県金融経済懇談会における挨拶要旨 櫻井眞日銀政策委員会審議委員

「第二に、長期に亘り緩和的な金融環境を維持することで金融システムが不安定化することのないよう留意する必要があります。（中略）また、低金利環境の下で、金融機関の収益が長期に亘り圧迫されると、金融仲介機能に影響が出る恐れもあります」

・2018年6月21日 宮城県金融経済懇談会における挨拶要旨 布野幸利日銀政策委員会審議委員

「また、低金利環境が続くもとで、金利期間収益の下押しが長期化すると、金融仲介が停滞に向かったり金融システムが不安定になったりするリスクがありますが、現時点では、金融機関が充実した資本基盤を備えていることなどから、そのリスクも大きくないと考えています」

⑩「戦争が起きないとハイパーインフレにはならない」という嘘

2018年4月16日の参議院決算委員会での私の質問に対し、若田部副総裁は「ハイパーインフレは戦争であるとか革命であるとかで起こるものであって、日本にはそういう事態は起きえないからハイパーインフレの起きる可能性は限りなく低い」と答弁されました。

しかし前任の岩田規久男前副総裁は、若田部副総裁の答弁1年前に、私の質問に対し「戦争以外でも起こり得る」とお答えになっています。どちらが正しいのでしょうか？

これは麻生大臣が、以前「戦争以外、ハイパーインフレは起こらない」と私の質問に答弁されたので、それを追及したときの岩田副総裁の発言です。

世界中でハイパーインフレが多発したのは第1次世界大戦後、第2次世界大戦後、そして1980年代以降です。1980年代以降は世界が金本位制《きんほんいせい》から離脱し、中央銀行が経済規模に比し紙幣を刷りすぎたから起きたのであり、戦争が理由ではありません〈後述の〈参考〉ご参照〉。私が懸念しているハイパーインフレはこちらのケースです。

戦争等で供給設備が破壊され供給不足となり「供給＜需要」とならなくても、ハイパーインフレは起こるのです。需要過多になって「供給＞需要」になっても起こるということです。

円が暴落したときのことを考えてみましょう。

1ドル＝100円が1ドル＝1000円にまで暴落したとしましょう。米国人は1ドル＝100円時代、1000万円のレクサスを購入するのに10万ドルを必要としました。

それが1ドル＝1000円になると1万ドルで高級車が買えるのです。ベンツも、BMWも、フォードもレクサスの競争相手ではなくなります。レクサスは世界でバカ売れします。日本製品への需要急増です。需要過多で供給が追いつきません。「供給＜需要」によるハイパーインフレが起こるのです。

さらには円が弱くなれば、外国製品が値上がりします。1リットル＝1ドルのガソリンは、1ドル＝100円のときは100円で購入できますが、1ドル＝1000円になれば1000円です。円が弱くなればガソリン価格も輸入農産物価格も急騰し、これもインフレの原因となります。円が紙くずになれば、1ドル＝10億円などという話になる可能性も否定できませんが、そうなれば間違いなくハイパーインフレです。

ハイパーインフレに陥った中南米の国で暖炉にくべるマキの替わりに紙幣を使ったというたとえ話を聞きますが、そんな紙幣に1ドルも出せるか？　ということです。

ハイパーインフレと円安、どちらが卵でどちらが鶏かわかりませんが、日銀が債務超過に陥って「円が暴落→ハイパーインフレ加速→円が暴落→ハイパーインフレ加速」の悪循環が始まるのです。

「戦争が起こって供給不足が起こらなければ、ハイパーインフレが起こらない」などというのは鎖国時代の話です。

ちなみに安倍晋三総理大臣も、ハイパーインフレは戦争のようなことがないと起こらないと思っていらっしゃるようです。2014年3月31日の参議院決算委員会での私の質問に対し、そう答弁されました（後述の〈参考〉ご参照）。認識が甘いと思います。だからこそ「異次元緩和はすばらしい」などと思っているのかもしれません。

参考 2018年4月16日参議院決算委員会での私の質問に対する若田部副総裁（当時）の答弁

○**参考人（若田部昌澄君）**／ハイパーインフレにつきましては、歴史的に見て、例えば戦争であるとか革命であるとか、あるいは市場経済の大きな混乱であるというような状況において起きる非常に特殊な現象でございますので、私としては、そういったことが日本において生じるという可能性は限りなく小さいというふうに考えております。

参考 2017年3月21日参議院財政金融委員会での私の質問に対する岩田副総裁（当時）の答弁

○**参考人（岩田規久男君）**／今、麻生大臣がおっしゃったように、戦争以外でも起こるわけであります。それは、一つは、一方で極端に物資が不足している、つまり経済の供給能力が非常に不足しているというようなときにマネーをたくさん出しすぎれば必ず、もうそのマネーも出すのはちょっと、巨額に出すわけですけれども、そうなればインフレはやっぱり起こるということであります。

参考 「経済セミナー」2000年7月号の「第一次大戦後のドイツと第二次大戦後の中南米」（小浜裕久・浦田秀次郎共著）

「多くのハイパーインフレは戦争及び内乱などによる経済・社会の混乱期におきている。ただし、戦争の被害を受けたすべての国々においてハイパーインフレが発生しているわけではないだけではなく、また、1980年代の南米諸国を中心としたハイパーインフレでは戦争・内乱はハイパーインフレの真の原因とは考えられない」

参考 2014年3月31日参議院決算委員会での私の質問に対する安倍総理の答弁

○**内閣総理大臣（安倍晋三君）**　／議論のために藤巻委員も大分極端な例を出されているんだろうと、このように思うわけでございますが、ハイパーインフレというのは、例えば戦後のドイツのように、戦争によって生産施設を破壊された中において紙幣を発行すれば、これは物ができないんですから、当然ハイパーインフレになるということになるわけでございますが、先進国においてハイパーインフレになった国はどこもないんだろうと、このように思うわけでございますし、我々はそもそもハイパーインフレにしようなんということはつゆほども考えていないということは申し上げておきたいと、このように思います。

11「物価動向に為替は短期的要因でしかない」という誤解

日銀は、物価の基調は「需給ギャップ」で決まり、為替の影響は短期的なのだと思っているようです。私が2017年3月21日の参議院財政金融委員会で物価の基調を決めるのに為替が重要ではないか？　と質問したとき、岩田副総裁（当時）はそうお答えになりました（後述の〈参考〉ご参照）。

また黒田日銀総裁も2015年6月16日、参議院財政金融委員会で、私の質問に対し同じような答弁をされました（後述の〈参考〉ご参照）。

ロシア、経済再建　波乱含み
ルーブル切り下げ
資金難の混乱回避
インフレ再燃の圧力に
独首相、危機感示す
「元」切り下げ観測強まる？
ロシアの公定歩合

※1998年8月18日の日経新聞

しかし前節で多少触れたように、日本は鎖国をしているわけではありません。為替のレベルこそが需給ギャップを決める一大要因だと思うのです。円が暴落すれば、日本製品は外国の人々にとって彼らの国の通貨で非常に安くなります。円が弱くなれば、輸入品も競合他社に負けて輸入数量も減るでしょう。需給は急速に悪化します。

2018年7月27日の日経新聞の新興国経済を論じる記事のタイトルは「通貨安・インフレ懸念」というものでした。1998年のロシア危機のときも、見出しは同じようなものです（前頁の写真ご参照）。デフレ脱却には「自国通貨安が最強でもっとも効果的な策である」ことを、この見出しは明示していると思います。

他の見方をすると、これだけ異次元緩和をしたのに公約のCPI2%がなかなか達成されないのは「円安が進まないからだ」と私は思っています。2015年冬に1ドル＝125円になったのに、そこから転換して円高になってしまったのが大きな問題でした（後述の〈参考〉ご参照）。

参考　2017年3月21日参議院財政金融委員会での私の質問に対する岩田副総裁（当時）の答弁

○**参考人（岩田規久男君）**／今、最初申し上げたように、確かに短期的には為替が物価に影響を与えるということはそのとおりだというふうに思います。ただ、為替レートというのは、それが物価の上昇率、前年比で見た上昇率ですが、その与える影響は、円安とか円高という方向は、これは一方的に、もう長期的に非常に長い間続くということでない限り、いずれ剝《はく》落《らく》する問題でありますので、先ほど言ったように中長期的な物価上昇率を決めるのは、あくまでも需給ギャップと中長期の予想インフレ率だというふうに思っております。

そういう考え方で、日本銀行は、決して円安に依存する形で2％の物価安定目標を達成しようとする考え方は持っておりません。

参考 2015年6月16日参議院財政金融委員会での私の質問に対する黒田総裁の答弁

○**参考人（黒田東彦君）**／従来から申し上げておりますとおり、消費者物価はやや長い目で見れば需給ギャップや予想物価上昇率によって決定されるわけですけれども、短期的には御指摘のような為替相場あるいは国際商品市況など様々な要因の影響を受けます。委員が述べられた、80年代後半における大幅な円高の進行というものが消費者物価の下押し要因の一つとして働いた面はあるというふうに思います。

参考 2015年に円高方向に振れてしまった理由

2015年冬にせっかく進んでいた円安が円高方向に転換してしまったのは、「ドルMMF」が「非課税から20％の源泉課税」に変わったせいで、保有者が利益確定の売りを強いられたせいだと私は思っています。当時、私はその旨警告していましたが、警告どおりになってしまいました。これはＮＩＳＡ《ニーサ》（少額投資非課税制度）の口座の限度枠を１００万円（２０１４～２０１５年）から１２０万円に引き上げるために税金の減収が起きる見返りとして、ドルＭＭＦの為替益の20％源泉課税を証券業界が呑んだせいだと私は理解しています。

円安がデフレ脱却に役立つという見解が浸透していたら、こんな税制改革はしなかっただろうと思うと残念です。

⓬「景気回復に為替は重要でない」という誤解

２０１８年７月19日、トランプ米大統領が公然とＦＲＢへの不満を表明し、話題となりました。ＦＲＢの独立性への侵害ということで、米大統領としてはタブーとされた内容だったのです。大統領はツイッターに「ドルは強くなり、偉大な競争力を奪う」と書き込みました。景気刺激効果をドル高で相殺されることへの不満です。トランプ大統領は自国通貨高が景気によくないことを明確に認識しているようです。

しかし日銀は、為替が景気回復に非常に重要な要因だとなかなか認めようとしません。私の質問に対する黒田総裁の答弁をご覧ください（後述の〈参考〉ご参照）。

さらには学者先生や識者が「円安だと輸入品が高くなり、日本によくない」などと頓珍漢なことを説くのです。米国は大幅貿易赤字国。そのロジックでいくと、ドル安は日本より大きなダメージがあるはずです。それでもトランプ氏はドル安を主張しています。

自国通貨高が競争力を奪い景気を低迷させることを、トランプ氏はビジネスマンなだけあって、よくわかっていると思います。

参考 **2015年6月16日参議院財政金融委員会での私の質問に対する黒田総裁の答弁**

○**参考人（黒田東彦君）**／一般論として申し上げますと、確かに円安は輸出の増加あるいはグローバルに展開している企業の収益を改善させる、さらには株価の上昇といったプラスの効果も持つ一方で、輸入コストの上昇、その価格転嫁を通じて非製造業の収益、あるいは家計の実質所得に対する押し下げ圧力として作用するという面もございます。このように、円安の影響は経済主体によって異なり得るものだというふうに思います。

いずれにいたしましても、為替相場につきましては経済のファンダメンタルズを反映して安定的に推移することが望ましいと思いますし、そういうことであれば、全体として経済に悪影響を及ぼすことはないというふうに考えております。

⑬「まだまだ金融緩和をする手段はある」という強弁

故速水優元日銀総裁は1998年12月22日、「日銀が国債を50兆円も保有しているのは自然

国債の保有者・内訳

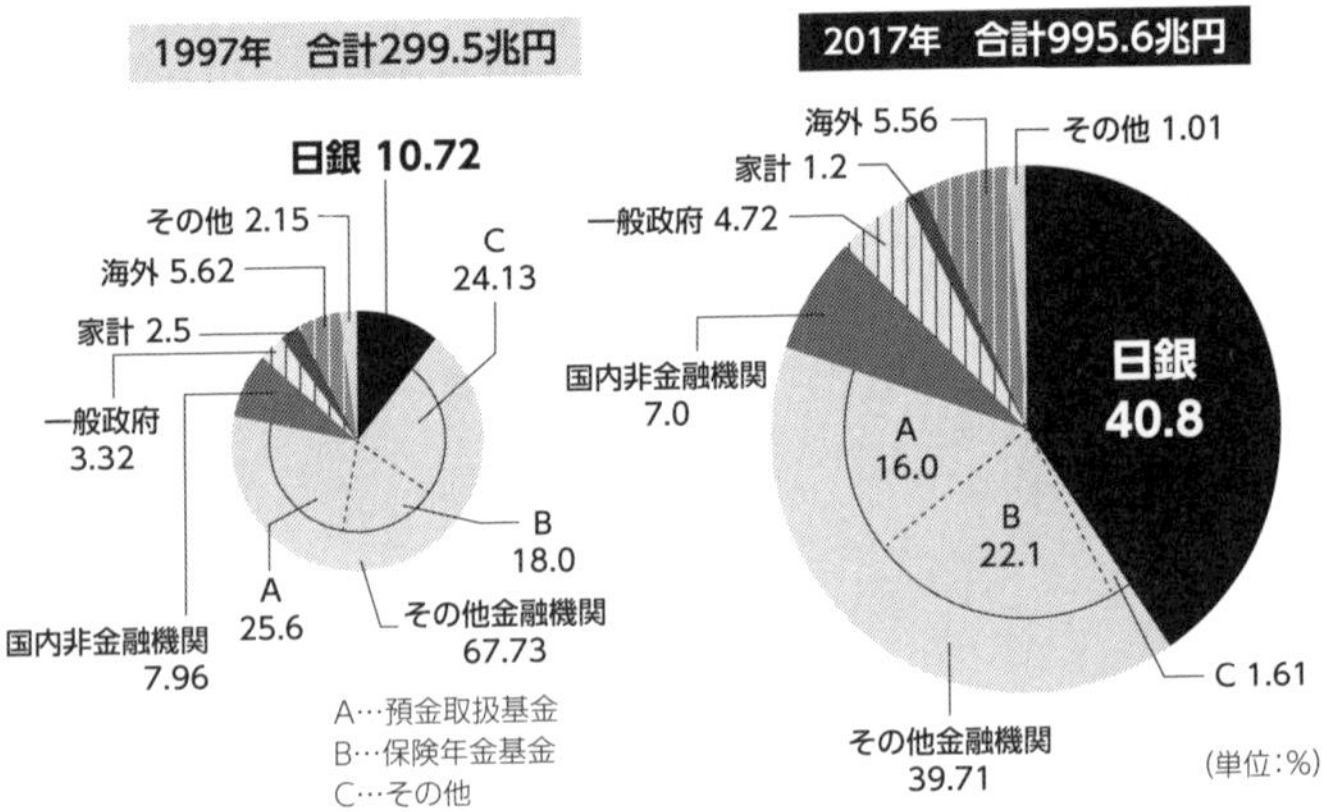

な形ではない」と発言されました。これは「資金運用部ショックに、火に油を注ぐ発言だ」と非難されましたが、その非難の是非はともかく「日銀が大量に国債を保有するのは自然な形ではない」というのは当時の常識だったのです。

50兆円の保有でも自然な形ではないのに、２０１８年５月末時点で４５９兆円も保有（そのうち長期国債が４４０兆円）しています（２０１７年の国債保有内訳は上の図ご参照）。

２０１８年に副総裁に就任した若田部昌澄氏は就任直前の３月５日、衆院議院運営委員会で所信を述べられました。３月６日の朝日新聞朝刊によると「異次元緩和の早期縮小は『あり得ない』とし、緩和の副作用もないと言い切った」「現状の政策で達成が難しいなら、追加緩和策を考えざるを得ない」とした。「追加緩和ありきで議論するわけではない」とも付け加えた。

若田部副総裁は、日銀が国債発行残高の4割超の量を買っていても「(国債は)6割残っている」と主張。さらに「(緩和で日銀が買える)資産は多様なものがある」「金融政策には限界がない」などと強気の発言を連発。緩和の副作用は「まだ顕在化していない」と否定したそうなのです。国債は市中にまだ6割残っているにしても、459兆円もすでに保有しているのです。さらに買い増したら「50兆円の保有でも自然ではない」とおっしゃった速水元総裁はビックリ仰天されることと思います。

「まだ国債を買える」のと「まだ国債を買っていいか?」は別問題だと思います。白川方明《まさあき》前日銀総裁も退任の記者会見で「したがって、わが国を含め欧米諸国が現在展開している非伝統的な政策の評価も、いわゆる『出口』から円滑に脱出できて初めて、全プロセスを通じた金融政策の評価が可能となる、そうした性格のものだと思っています」と発言されています。

「出口から円滑に脱出する方法」もないのに、「まだ買える」はないだろうと私は思います。

ちなみに「(金融緩和で日銀が買える)資産は多様なものがある」との発言に関して、後日、参議院財政金融委員会で若田部副総裁に「どんな資産があるのですか?」と聞いてみました。若田部副総裁は言葉を濁しましたが、「米国債の購入」を考えられているのだと思っています。

7月31日の金融政策決定会合で「地方金融機関経営の副作用解消と異次元緩和の継続」との

相反するゴールを決めたのなら、日本国債の購入を減らし、FRBから米国債を直接購入するしかないはずです。異次元の量的緩和とは、日銀の負債サイドである発行銀行券と日銀当座預金を増やすことで、その対価として購入するものは日本国債であろうが日本株ETF（上場投資信託）であろうが約束手形であろうが米国債であろうが、何でもよいはずなのです。

私は「異次元緩和は出口がないから大反対。しかし、どうしても買いたいのなら米国債の購入にしろ」という主張を当初からしてきました。「週刊朝日」の私の連載「虎穴に入らずんばフジマキに聞け」でも何度もその主張を繰り返していますし、2002年1月に出版した『1ドル二〇〇円で日本経済の夜は明ける』（講談社）の中でも「日本国債を引き受けるくらい（＝異次元緩和）なら米国債を買え」と主張しています（後述の〈参考〉ご参照）。

ただ注意していただきたいのは、「米国債を購入した分」には出口があるが、今までに買い込んだ日本国債の部分には出口がないということです。

米国債購入の場合は、すんなりと市場に売却してバランスシートを元の規模に戻せますが、今までに買った日本国債に関してはできないということです。

参考　「どうしても量的緩和をしたいのなら米国債」の理由

2018年6月29日の日経新聞「金融政策に限界なし」のインタビューで若田部日銀副総

裁は「必要ならばちゅうちょなく追加緩和をすべきだ」「金利を操作するか、資産購入の対象を増やすか、資産の購入額を増やすか。この3つの戦略でのぞめばよい」とおっしゃっていますが、日銀の異次元緩和に耐えるだけの流動性を持っている資産とは外国、特に米国の国債ぐらいだと私は思います。

日本国債の購入を減少させると「日本の長期金利が上昇して円高になる」と日銀は怖がりますが、米国債購入では、日銀が刷った円でドルを買い、そのドルでFRBから直接米国債を購入するので、逆にドル高/円安が進行します。米国サイドから見ても、これはうれしいオペレーションのはずです。

米国の中央銀行に相当するFRBはテーパリング（＝バランスシート〈BS〉の拡大ストップ）は完了したものの、BSを縮小するのには苦慮しています。早急に縮小するためには保有米国債等を市中に売却するしかありませんが、売却すれば価格急落（＝金利は上昇）で、景気に冷や水を浴びせかねません。

しかしFRBが売却したときに日銀が購入すれば、相殺で米国債市場は崩れません（米長期金利は上昇しない）。米長期金利上昇を抑えたい米政府も大歓迎のはずです。

「日銀は法的に米国債を購入できないのでは？」という疑問を持つ方がいるかもしれませんが、結論から言うと、日銀の米国債購入が日銀法で禁止されていることはありません。実際に日銀は外貨準備の一部を保有しており、その中には外国政府発行の債券も含まれています。

為替相場維持（介入）目的のための外国為替売買は日銀法上、禁止されています。日銀法では「（日銀は）国の事務の取扱いをする者」とされており、あくまで政府のみが介入を行いうると解釈されているからです（日銀法第40条の2）。

つまり、（1）「介入目的での外国債購入は法律上禁止されている」が「金融政策目的での外国債購入は法律上禁止されていない」のです。

「断じて金融政策目的だ」と強弁すればよいのです。財政法第5条で禁止されている「国債の引き受け」を実質的に行っているにもかかわらず「国債引き受けではない」と強弁している日銀ですから、強弁は得意のはずです。「金融緩和政策の維持だ」「金融政策目的だ」と堂々と強弁すればいいだけです。

さらには米国、英国、EU、中国の中央銀行は多額の外債を保有しています。一方、日銀は約4兆3691億円（2016年3月31日現在）とほんの少額しか保有していません。なぜ日銀だけ外債購入を制限されるのか？　と反論すればいいだけだと思います。

唯一の問題（今となっては、かなりの大問題）は、ここまで財政赤字が大きくなった段階でこれをすると、円安ドル高がとんでもなく進んでCPIが跳ね上がり、日銀がインフレの加速を抑えることができない点です。異次元緩和スタート時から私の意見を聞いてくださってこの方法でやればよかったのにと、とても残念です。

14「お金を刷り続けてもハイパーインフレにならない」という嘘

原田泰氏は経済企画庁から早稲田大学教授を経て、現在日銀の政策委員会審議委員でいらっしゃいます。彼が経済企画庁に勤務されていた頃、よく経済論議をさせていただきましたが、大変優秀な方でした。その彼は現在、日銀審議委員の中でも若田部副総裁と並んでリフレ派の代表格とみなされています。異次元緩和を積極的に進めている論客で、いかにもこの政策を推し進めることに疑問を持っていないかのような素振りです。

しかし過去、彼が「エコノミスト 2008年9月16日号」(毎日新聞出版)に書いた記事を見てみましょう。

ハイパーインフレで苦しんだジンバブエと、ハイパーインフレにならなかったチャドとの差について書いています。

「一方、同じアフリカでも中央部のチャド共和国は、むしろデフレーション(物価の持続的下落)になっている。アフリカの国がすべてインフレになったわけではない。困難な状況の中、政府がお札を刷りたかったのは、ジンバブエもチャドも同じだったはずだ。そして、ジンバブエは、お札を刷りまくった揚げ句、220万%というインフレになった。一方チャドはお金を刷らなかった。どちらの国も厳しい状況にあるが、ジンバブエは内政の混乱のうえに、インフレという困難も引き起こしてしまった。お金を刷らなかったら、インフレだけは回避できただろう。お札を刷らず、困難に耐えていたチャドのほうがまだマシだったと言える」

この論文を書いた原田審議委員が、どんどん日銀にお金を刷らせて何も危機感を持っていないのか？　私には非常に疑問です。

コラム　なぜ日銀の現役は黙っているのか？

「異次元の量的緩和」政策に私は当初から大反対していますが、日銀OB達の多くも、私の知る限りケチョンケチョンの評価をしている人が多くいます。中には早川英男さんのように声を大にしておっしゃっている方もいらっしゃいます。

ところが現役の日銀マンに、そのような人はいないのです。心の中で反対を唱え葛藤している人達がいることを私は知っているのですが、彼らも結局、声をあげません。「国難になるか否かの問題だ。中央銀行マンとしての矜持《きょうじ》はどうした？」と叱責しても声があがらないのです。

これがFRBの職員ならどうでしょう？　反対論をぶった後、受け入れられなかったらケツをまくって退職し、JPモルガンやシティバンク等に高給で転職していくと思うのです。

一方の日銀マンは、反対論を唱えれば出世が遅れ、定年後に次の職場を斡旋してもらえないリスクが生じます。中央銀行マンとしての矜持よりも家族を養えないリスクに慄《おのの》いているのだと私は思います。その意味で終身雇用制は、国の金融政策をも誤らせると思うのです。

森友問題も同様です。なぜ優秀な財務官僚が公文書の改竄《かいざん》までしてしまうのでしょうか？財務官僚としての矜持はないのでしょうか？

米国の財務省の役人なら、上からの指示にせよ、そうでないにせよ、「改竄などできるか！」と退職し、民間に高給で転職していたと思うのです。ここでも終身雇用制が日本の民主主義の根幹を揺るがしたと思うのです。

米系企業のように、紙一枚でクビきりが行われるなら、全員が実質非正規雇用であり、正規・非正規の格差はなくなります。従業員にはクビを切られるリスクはありますが、ごそっと辞められて人手不足倒産のリスクが経営者にもあるのです。結果、経営者は給料を上げざるを得ないでしょうし、ブラック企業もなくなります。日本の従業員は職の安定の代わりに高い給料をあきらめ、ブラックな職場を甘受しなければならないのだと思うのです。

終身雇用制がなくなり転職市場が発達すれば、クビを切られるリスクはそれほど怖くはありません。一人が辞めれば一人の求人が出るからです。社会全体で見れば雇用者数は同じなのです。

終身雇用制とともに年功序列制がなくなれば、女性の社会進出も容易です。不本意な職に就いた人も、仕事を離れてリカレント教育を受け、より高い給料の仕事に変わることができます。定年もなくなるので、働ける人はいくらでも働けます。さらには日銀マンも財務官僚も矜持を持ち続けることができると思うのです（週刊朝日「虎穴に入らずんばフジマキに聞け」第２２６回より）。

Ⅲ 日銀の債務超過の実態

1 国による日銀への資本投入は可能か？

異次元緩和をした以上、短期金利を高めに誘導していくには、今や日銀当座預金への付利金利を引き上げるしか方法がないとの話をしてきました。付利金利を引き上げると金利支払いが急増しますが、日銀の保有国債の利回りは0・279％にすぎないので収入が少なく損の垂れ流しで、日銀はすぐに債務超過になってしまうと述べてきました。政府が資本投入しなければ、中央銀行といえども倒産です。日銀とその発行する通貨は信用失墜となってしまいます。

そう話すと、「それならば国が資本投入をすればいいのではないか？」という反論が返ってきます。その解決策は、法的問題があるにしても、国が財政黒字で懐が豊かならばわかります。しかし国は今、毎年大きな赤字を計上しているのです（2018年度当初予算では34兆円の赤字）。日銀への資本投入のお金はどう捻出するのでしょうか？

日銀が新しい紙幣を刷ってそれを（国債と引き換えに）国に渡し、そのお金を日銀に投入するのでしょうか？　要は日銀が自分自身で紙幣を刷ってそれを資本金にする。何それ？　の世界です。そんな中央銀行を世界の人々は信用するのでしょうか？　信用しなくなれば、誰もその発行する紙幣の受け取りを拒否します。日銀とその発行する通貨の信用失墜です。政府が資本投入しようが、しまいが同じなのです。債務超過になれば、日銀はアウトということです。

なお、以上述べてきた話とは次元が違いますが、黒田総裁が述べられているように「現行の日本銀行法では政府による損失補塡に関する条項」はありません。もし政府が日銀に資本注入するとなれば、それは予算行為です。予算行為は当然国会での事前審議が必要です。

「日銀の異次元緩和はいずれ（金利引き上げ時に）日銀の債務超過を引き起こす」ことは、見る人が見れば明々白々です。日銀は国会の事前承認が必要なはずの予算行為である政府の資本投入を前提に「異次元緩和」というオペレーションをしてよいのかという疑問も残ります。

参考　**2018年3月26日参議院予算委員会での私の質問に対する黒田総裁の答弁**

○**参考人（黒田東彦君）**／加えて、日本銀行は、利息の受け払いによって収益が上振れる局面でその一部を積み立てることができるよう、債券取引損失引当金を拡充しております。この措置は、こういった量的・質的金融緩和に伴う収益の振幅を平準化し、財務の健全性を確保する観点から一定の効果を持ち、事前の対応としては十分なものと認識をいたしております。

なお、現行の日本銀行法では政府による損失補塡に関する条項はありません。そのことを踏まえながら、日本銀行は適切な金融政策運営に努めているところでございます。

❷ 債務超過になっても大丈夫な条件

もちろん中央銀行が債務超過になったとたんに、その中央銀行がアウトかというと、そうでない場合もあります。近年、スイス国立銀行が債務超過に一時的に陥ったという話は聞きます（検証しておりません）。

次の3つの条件がそろっている場合は、中央銀行が債務超過になっても大事には至らないと思われます。

1　債務超過は一時的であると国民が信じる
2　債務超過の原因が金融システムの救済であり、金融政策は厳格に運営されていると国民が信じる
3　財政が緊縮に向かっている

しかし、日銀に今後起こり得る債務超過は、1〜3の条件すべてに反します。しかも、債務超過の額（簿価会計では巨額に。時価会計をすればとんでもないほどの巨額に）は半端ではありません。

日銀の信用と、その通貨の信認を維持することは、並大抵のことではないと思われます。

3 日銀が債務超過になれば円の大暴落、ハイパーインフレの危機

短期金利の利上げが始まれば、日銀は損の垂れ流しで債務超過に陥ると述べました。また、たとえ日銀が時価会計を採用していなくても、長期金利が現時点から少しでも上昇すると、評価損が生じるともお話ししました。

市場は企業が危なくなれば、時価会計で企業の健全性を評価し、危ないと思えばさっと資金が流出していきますが、それは中央銀行でも同じです。

中央銀行は信用失墜、その発行した紙幣など世界中、誰も受け取ってくれません。日銀が発行した紙幣とは円ですから、円の暴落とも言えます。ハイパーインフレの発生です。その意味で日銀の債務超過は、日本にとってXデーの契機となるでしょう。それどころか市場は、事前に行動を起こしますから、日銀が債務超過となることが予見された時点から円の暴落が始まり、ハイパーインフレへまっしぐらと考えられます。怖いです。

「日銀が債務超過になっても、日本人は他にどうしようもないから円を保有し続けるのではないか?」との楽観論で反論されたことがあります。

しかしそうでしょうか? 日銀が債務超過に陥るとは、金本位制時代に保有していた金が石ころに変わってしまったほどの衝撃だと思います。

日本人がたとえ能天気でいたとしても、外国人は円建ての債券・株・不動産、通貨すべての売りに入ると思います。それを見た日本人が能天気のままでいられるか疑問です。

中央銀行の債務超過という尋常でない事態（前節で書いた債務超過になっても大丈夫な条件を満たしている場合を除く）で、日銀と発行銀行券への信認が地に堕《お》ちるのは確実だと思います。

コラム　JASDAQへの日銀の上場は廃止されるか？

日銀の債務超過の可能性をツイッターに書いたら「その場合、JASDAQへの上場は廃止になるんですかね？」という質問を受けたことがあります。

どうなんでしょうか？　JASDAQの上場基準いかんだと思いますが、もし「債務超過だと上場廃止」という規則があり、そのとおりになったら、とんでもないビッグ・ニュースとして世界中に報道され、市場は大揺れでしょう。基準の例外として上場維持されても、そのニュース自体が、やはりビッグ・ニュースとして世界中に流れると思います。

ちなみに日本銀行は株式会社ではないため、発行されているのは株ではなく、それに準ずる形の「出資証券」です。

資本金は1億円でうち政府が55％、個人が40％、金融機関等が5％。これは政府の言いなりにならず「独立性」を保つという趣旨によるものだと思います。

Ⅳ 究極の混乱が発生したらこうなる

1 ハイパーインフレは避けようがない

今まで、日銀の「異次元緩和からの出口はない」と書いてきました。

景気が過熱して金融引き締めが必要になったとき、もしくは景気過熱に至らずとも巡航速度に入ったとき、今の超金融緩和を継続すれば、いずれ過熱してしまいます。しかし日銀は、長期金利も短期金利も上げることができない。金利を引き上げれば日銀が倒産してしまうからです。世界最大のメタボになった（＝最大限お金をばらまいている）バランスシート（ＢＳ）を縮小しようと思うと、意図せざる長期金利の跳ね上がりが起こり、日銀保有国債に巨額の損が積み上がってしまいます。これも倒産要因です。法定準備率を上げれば民間金融機関が倒産し、日本中で残りうる銀行は日銀だけになってしまいます。

要は景気が巡航速度に戻ったとき、金融をコントロールする手段を日銀は失ってしまったのです。

こういう状態で目標のＣＰＩ（消費者物価指数）２％を達成したらどうなるのでしょう。

2％で上昇が止まれば万々歳でしょうが、さらに上振れしていく可能性は当然あります。そうなると、上振れを止める手段がないのです。

インフレ率上振れを回避しようと、異次元緩和をやめると、政府の資金繰り倒産の危機です（詳細は後述の〈参考〉ご参照）。さらには引き締めようとすると日銀も倒産の危機です。「日銀も政府もともに倒産」という事態を避けたいのならば、異次元緩和を継続せざるを得ません。景気が過熱しそうでも、アクセルを目一杯踏み込んでいなくてはならないのです。

CPI2％になっても3％になっても5％になっても10％になっても20％になっても異次元緩和が続き、毎日天から新しく刷ったお金が降ってくるのです。景気が狂乱しても、今のような超金融緩和が続くのですから、ハイパーインフレへまっしぐらです。

要は異次元緩和を始めた以上、出口がなく、どんなに景気が過熱しても天から紙幣は降り続き、ハイパーインフレまっしぐらなのです。それが異次元緩和の結果であることは歴史が教えるところです。

参考　異次元緩和をやめると政府が破綻してしまうという理由

日銀が異次元緩和をやめるという選択肢はあるのでしょうか？　アクセルの踏み込をやめて巡航速度で走るということですが、無理でしょう。異次元緩和を行っているから現在、政府の資金繰りが成り立っているからです。毎年度150兆円発行している国債のうちの60〜80%を、日銀が異次元緩和と称して買っています。

買うのをやめれば、長期金利が跳ね上がります。962兆円も国債を発行しているのですから、税収はすべて金利支払いに消える事態も想定されます。財政破綻です。今までは紙幣を刷って政府を助けていた中央銀行が助けられなくなるのです。ギリシャやイタリア以上に財政状況が悪いという現実が重くのしかかります。

❷ハイパーインフレに陥る共通の原因

雑誌「経済セミナー」2000年7月号の「第一次大戦後のドイツと第二次大戦後の中南米」には以下の記述があります。

「ハイパーインフレの要因としていくつかの共通の原因が挙げられる。すべてのハイパーインフレに共通する原因は『弱い政府』の存在である。具体的には財政支出の膨大化を抑制することができず、また、肥大化した財政支出を賄うための徴税能力を持たない政府、政府の財政赤字を紙幣の増刷で賄うことを拒否する独立性を持たない中央銀行の存在である」

世界最悪の財政赤字、低い消費税率を上げることも所得税の課税最低限も引き下げられず(＝徴税能力を持たず)、財政ファイナンスで政府の赤字を紙幣の増刷で賄う日本銀行。この記事によれば、日本は「ハイパーインフレになる要素」をすべて持っているように思えます。
ハイパーインフレになった例としては1923年のドイツが有名ですが、その他の例もご紹介いたしましょう。

【ジンバブエ】
・(「エコノミスト」2014年5月6日号「超インフレのジンバブエ」)
「こともあろうことに政府は、ジンバブエ・ドルを刷りまくることで賄おうとした。空手形で増刷した紙幣の価値は、刷れば刷るだけ下落する」
・(毎日新聞　2013年8月10日東京版　国際面)
「財政再建のため通貨が乱発され、年率2億%ものインフレを招いて経済は破綻」

【ユーゴスラビア】
・(日経新聞　1994年2月28日)
「国連の経済制裁で十分調達できないことや、財政赤字の穴埋めを紙幣増刷でしのいできたことが原因と言われる」
・(朝日新聞社　聞蔵Ⅱビジュアル「ユーゴスラビア　物価抑制で経済失速」)
「(ハイパーインフレは) 財政赤字の穴埋めを紙幣増刷でしのいできたことが原因と言われる」

3 異次元緩和は日本株、国債、円の大暴落で幕を閉じる

前節でハイパーインフレが進むだろうと書きましたが、それは、ある日突然起こると思っています。日本株、日本国債、円の大暴落、日本売りがいきなり始まるのです（どれか一つがきっかけとなる可能性もありますので、これらの暴落に多少の時間差はあるかもしれません）。

異次元緩和は、究極の日本売りで幕を閉じると思うのです。これを世間は市場の暴力と呼ぶでしょう。しかしそれは違います。当然予想された政策ミスの結果であり、人災です。積もり積もった問題を政治が解決できなかったから、市場が解決したにすぎません。ため込んだ累積赤字を政治が解決しようとしなかったから、市場が暴力的に解決しただけなのです。「飛ばしはこれ以上、無理」と市場が最終判断を下すのです。

4 ハイパーインフレは大増税による究極の財政再建

今の日本の財政は対GDP比で世界最悪です（左頁の図ご参照。なぜ対GDPで比べるのかは後述の〈参考〉ご参照）。

日本の1088兆円の借金は、尋常な方法では返せっこありません。10兆円ずつ返して109年かかるのです。2018年度予算での税収+税外収入は64兆円ですから、10兆円返すには

債務残高の国際比較（対GDP比）

債務残高の対GDP比を見ると、日本は主要先進国の中で最悪の水準となっている。

	2018年
日本	**236.0%**
米国	108.0%
英国	86.3%
ドイツ	59.8%
フランス	96.3%
イタリア	**129.7%**
カナダ	86.6%

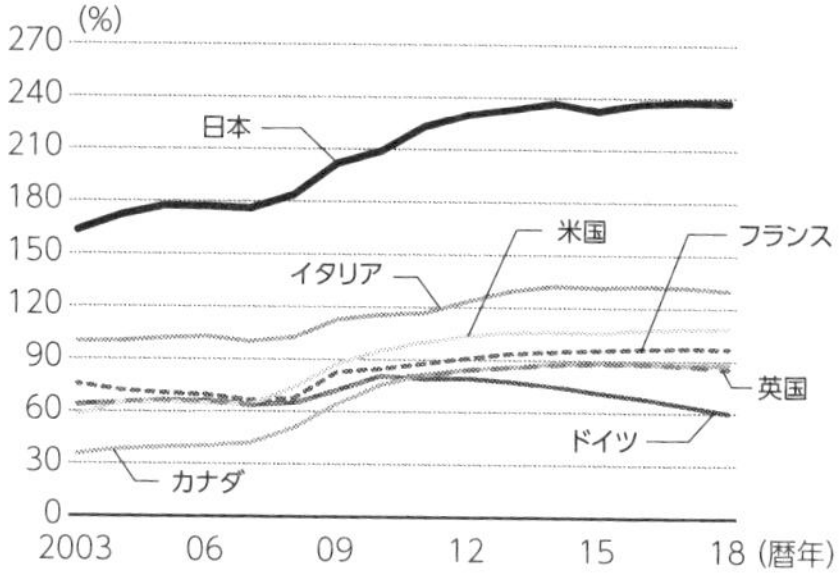

出典：IMF "World Economic Outlook Database"（2018年4月）
注１：数値は一般政府ベース。
注２：本資料はIMF "World Economic Outlook Database" による2018年4月時点のデータを用いており、2018年度予算の内容を反映しているものではない。

支出を54兆円に抑えなければなりません。それなのに１００兆円も使ってしまうのです。しかも返済に１０９年かかるといっても、それは低金利がずっと続いたら、の前提です。

こんなに元本が大きいと、金利が上がった場合、支払金利は大変な額となります。支払金利の増加は経済成長による税収増にとても追いつきません。１０８兆円の１％は約11兆円、５％では約55兆円です。国債は固定金利がほとんどですから、金利が上がってもすぐに政府の支払金利がここまで急激に増えるわけではありませんが、とにかく大変な事態です。

一方、史上最高の税収は１９９０年度。バブルの最終年の60・１兆円です。確かに消費税は３％でしたが、狂乱経済とまで言われた好景気でも、60・１兆円の税収にすぎないのです。

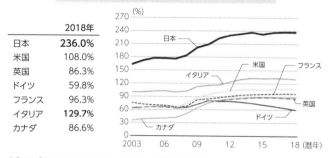

バブル以降30兆円から40兆円の赤字を30年近く続けた結果の1088兆円の累積赤字ですから、この返済には30兆円から40兆円の黒字を30年近く続ける（金利を考慮せずに）ことが必要と考えても、いかに巨額の借金かがおわかりかと思います。

こう考えると、尋常な方法では現在の巨大借金を返せません。ならば財政破綻か尋常でない方法での大増税しか返済方法はないのです。

政府は財政破綻を選択しないでしょうから、ハイパーインフレ＝大増税という選択肢を取ると思うのです。インフレのことを経済学者はインフレ税と呼びます。インフレは債権者から債務者への富の移行ということで税金と同じなのです（詳細説明は後述の〈参考〉ご参照）。

消費税を明日から40％にすればなんとか財政破綻を避けられるかもしれませんが、政治的に無理でしょう。ですから国民が大反対する時間も方法もないハイパーインフレという大増税で解決すると思うのです。

参考 なぜ財政赤字の程度を対GDPで比べるのか？

対GDPで比べるのは、財政赤字の絶対額で比べても、正確に比較ができないからです。ですから経済規模との対比で、それを測るのです。

船にどのくらい浸水したら、その船は沈没するのか？　小型漁船が沈没する浸水量でも、大型タンカーはびくともしないでしょう。船のトン数を考慮に入れなければなりません。

そのために借金量を経済規模である名目GDPの伸び率（名目経済成長率）と比べるのですが、その数字が日本は世界最悪なのです。

参考 インフレがなぜ大増税と同じか

1000万円を借りている個人タクシーの運転手さん（債務者）は、タクシー初乗り1000万円の悪性インフレが来れば、1日で借金を返せます。万歳です。一方、汗水たらして10年間で1000万円貯めた預金者（債権者）は、10回タクシーに乗ると預金がパーです。

このようにインフレは債権者から債務者への富の移行なのですが、日本において債権者は国民、最大の借金王は政府です。したがってインフレは国民から国への富の移行という意味で、税金と同じなのです。

V 何を契機にXデーは起こるか？

1 日銀の債務超過（簿価会計で）がきっかけになるとき

市場の暴力は突然起こるだろうと書いてきましたが、誰もがその予兆だけでも知りたいと思うはずです。そこでここからは、何が市場の暴力の契機・予兆となるのかを考えていきたいと思います。

一つ目の可能性は、日銀の債務超過が身近に迫ったと市場が感じ取ったときだと思います。日銀が金利を上げることによって、大量に保有する国債の価値が下がり、日銀が債務超過になると市場が予想すれば、そんな中央銀行の信用は失墜し、その発行する通貨・円は誰にも信用されなくなります。円の下落の始まりです。

自国通貨の下落には、通常、日銀は金利引き上げで対処しなくてはなりません。しかし短期金利引き上げによる債務超過予想で円が下落したのなら、さらなる短期金利の引き上げなどできないのは明々白々です。金利引き上げという円安防止策がないことを市場が理解してしまうのです。そうなると、円の果てしなき暴落が始まるでしょう。

郵便はがき

料金受取人払郵便

代々木局承認

1536

差出有効期間
平成30年11月
9日まで

1 5 1 8 7 9 0

203

東京都渋谷区千駄ヶ谷4-9-

(株)幻冬舎

書籍編集部宛

1518790203

ご住所 〒
都・道
府・県

フリガナ
お名前

メール

インターネットでも回答を受け付けております
http://www.gentosha.co.jp/e/

裏面のご感想を広告等、書籍のPRに使わせていただく場合がございます。

幻冬舎より、著者に関する新しいお知らせ・小社および関連会社、広告主からのご案内を送付することがあります。不要の場合は右の欄にレ印をご記入ください。

不要

書をお買い上げいただき、誠にありがとうございました。
問にお答えいただけたら幸いです。

ご購入いただいた本のタイトルをご記入ください。

』

著者へのメッセージ、または本書のご感想をお書きください。

本書をお求めになった動機は？

著者が好きだから　②タイトルにひかれて　③テーマにひかれて
カバーにひかれて　⑤帯のコピーにひかれて　⑥新聞で見て
インターネットで知って　⑧売れてるから／話題だから
役に立ちそうだから

生年月日	西暦　　年　　月　　日（　　歳）男・女			
ご職業	①学生	②教員・研究職	③公務員	④農林漁業
	⑤専門・技術職	⑥自由業	⑦自営業	⑧会社役員
	⑨会社員	⑩専業主夫・主婦	⑪パート・アルバイト	
	⑫無職	⑬その他（　　　）		

記入いただきました個人情報については、許可なく他の目的で使用す
ことはありません。ご協力ありがとうございました。

円高に対する通貨防衛策は金融緩和という政策で対処できますが、逆の円安に対する防衛策は異次元緩和の実施により、すでになくなってしまったのです。

自国通貨の暴落は、物価の暴騰を導きます。

今、トルコでは「トルコリラの急落、それに伴う物価高」が生じていますが、日本人はトルコで起きていることを対岸の火事のように思っているのではないでしょうか？

市場が日銀の債務超過を予想すれば、日本でもトルコと同じことが起こるのです。しかも、その数倍の衝撃度でしょう。

気をつけたいのは、日銀の債務超過が起きてから初めて市場の暴力が起こるわけではない点です。市場は事態を予見しながら動きますから、日銀の債務超過が実際に起こってからというより、日銀の債務超過を市場が予見するようになった時点で、市場の暴力が発生すると思います。

日銀の債務超過は異次元緩和を継続するのが適切でないと判断し、短期金利を引き上げるときに起こります。たとえばＣＰＩが安定的に２％に達するようになったときなどです。

しかし今まで述べてきたように、短期金利引き上げ誘導策を取ると市場の暴力が起きることはほぼ確実ですから、いくらなんでも日銀も短期金利引き上げを行わないと思います。自分で引き金を引くのは嫌でしょうから。

債務超過の際の政府の資本投入を期待して、日銀が短期金利の高め誘導を開始する可能性がゼロとは思いませんが、財政赤字の政府が中央銀行を助けるなど無理筋のこじつけ（前に書いたとおりです）ですから、市場をだませるとは思えません。やはり混乱の引き金を引くことになると思います。

危機の引き金を引くことを恐れて、景気が過熱しても異次元緩和を継続する可能性が高いと思います。そうなればしばらくの間、市場の暴力を被《こうむ》らない可能性もあります。しかし、それは市場の暴力開始時期を遅らすだけで、暴力の度合いはよりすさまじいものになると思います。

2 日銀の債務超過（時価評価で）がきっかけになるとき

日銀が決算上で債務超過にならずとも、長期金利が上昇し、保有債券に評価損が出て時価評価ベースで債務超過になった場合も、極めて危険な状況に陥ります。長期金利は日銀がいくら誘導目標を掲げても、それ以上に上振れする可能性が十分あります。そのときが危ないのです。

前に書きましたが、黒田総裁をはじめ日銀幹部は国会での私の質問に対し、「長期金利が上昇し評価損が出ても、日銀は償却原価法を採用しているから決算上、損は表面化しません。だから大丈夫です」と答弁しますが、日銀自身は大丈夫でも、市場が黙っていません。

実務経験のない方にはおわかりにならないかもしれませんが、市場はそんな甘いものではな

債務超過は発行銀行券と日銀当座預金の価値減価で解消される

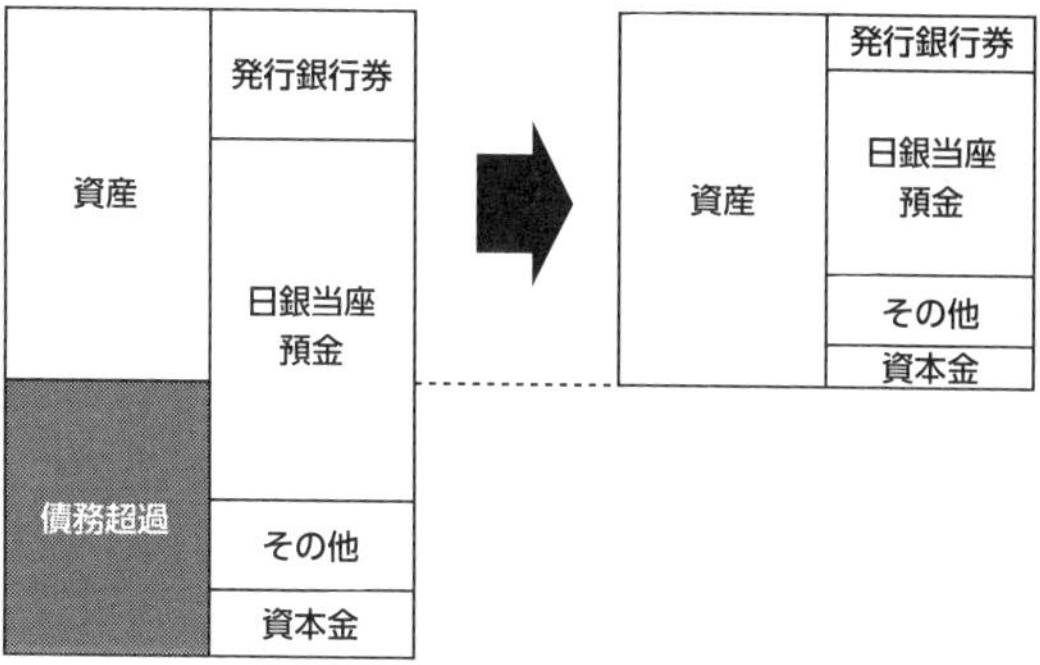

債務超過（左の図）は負債が小さくなれば（債権者が債権を全額、または一部を放棄すれば）解消される（右の図）。発行銀行券や日銀当座預金の価値が減じれば（円の価値下落=円急落）債務超過は解消する。

いのです。時価会計ベースで債務超過になった企業からは、資金が「沈みつつある船から鼠《ねずみ》が逃げ出すがごとく」急速に引いていきます。そこで資金繰り倒産をするのです。山一證券もリーマン・ブラザーズも、簿価会計で債務超過にならない限りにおいて市場が許してくれていたのなら、倒産などしなかったでしょう。

　バランスシート（BS）上、債務超過を解消するために政府が日銀に資金を投入できないのなら（＝財政赤字の政府が日銀に資金投入する。そのお金はどこから？　日銀が刷って渡すの？）負債サイドの価値の減少（＝発行銀行券＆日銀当座預金の減価＝円の減価＝円安）しかないのです（上の図ご参照）。その企業に貸した資金（＝その企業の負債）の市場価値が下がる（＝返済してくれる可能性が小さくなるので、貸主がその債権を転売しようとしてもかなり安くしか売れない）と考えればおわかりかと思います。

日銀で言えば、日銀の負債である発行銀行券と日銀当座預金の価値の減少です。すなわち円の暴落ということです。

時価評価での評価損は、長期金利の上昇で起こります。日銀は459兆円（2018年5月末時点）のうち長期国債を440兆円も持っているのですから、長期金利が上昇しても債務超過に陥ってしまいます。前に述べたように、金利が1％並行して（＝どの期間も1％）上昇すれば、24・6兆円、2％で44・6兆円の評価損となります。

債務超過にならずとも、評価損の傾向が始まったところで、市場はその後を予見して大きく動くと思います。長期金利、円、株の日本売りの始まりです。

前述したように日銀保有国債の平均利回りは0・279％ですから、日銀は保有国債の評価損発生回避のためのさらなる長期金利誘導策が取れません。

とは言いながら景気が過熱してくれれば、市場の長期金利は自然と高くなります。そのようなとき、日銀が長期金利を抑え込むなど土台無理な話となります。事業展開をしたい企業は社債を発行して資金を調達しようとします。10年の社債金利が5％になったとき、誰が0・2％の10年国債を購入するでしょうか？　銀行も機関投資家も保有国債を売って社債に乗り換えるでしょう。そのとき売りに出された国債すべては日銀が買うのでしょうか？

日銀は現在、国債発行残高の4割を保有していますが、残り6割を買い取るつもりでしょうか？　つまり毎年新発債と借換債百五十数兆円の国債全部を日銀は買い取るつもりでしょうか？　そうなれば世の中にお金が満ち溢《あふ》れ、ゲップが出るほどになります。

ハイパーインフレもいいところです。日銀の時価会計上の債務超過は莫大なものになっていきます。それとともに円は信用を失い暴落、さらにハイパーインフレは加速していくという恐ろしい光景が待っているのです。

3 円安進行がきっかけになるとき

私自身は日銀がＣＰＩの目標2％を達成できずにいるのは、円高のせいだと思っています。円安が何かの理由で進行し始めたらどうでしょう？　ここまでの議論でおわかりのように、円安が進めばＣＰＩは上昇、景気も順調に回復するでしょう。そのとき、日銀がどう対応するのかの議論になり、出口がないことが明々白々になります。その結果インフレが加速し、その後に市場の暴力（日本売り）が発生するのか、その段階で起こるのかはわかりません。ただ円安が進行していったときは、「シートベルトをお締めください」という認識を持った方がいいと思うのです。

ドル高円安は今後、進むと私は思っていますので、シートベルトを締める準備をしておいた方がいいと思うのです。

ドル高円安が進むと思う理由はいろいろありますが、一言で言えば、米国は金融緩和の修正に入っている一方、日本は継続中で、毎日天から円紙幣が降っているからです。

詳しく説明すると、2018年8月30日に発表された米国の個人消費支出（PCE）価格指数は、前年比2・3％の上昇で、5カ月連続でFRBが目標とする2％を達成しました。そして労働市場はタイト。景気に最も強い影響がある資産価格は上昇継続（株価は史上最高値圏、不動産も順調）なのです。

株が史上最高値圏ということは、一般的に言えば、ほとんどの人が株で儲かっているということです。資産効果（自分が儲かっているつもりになり消費を増やす）は抜群で景気過熱の可能性もあります。米国は今後も金利を引き上げてくると思います。

一方、今まで述べてきたように日本は、金利引き上げは不可能。その結果、日米金利差は拡大し、ドル高円安は進むと思うのです。

7月28日の日経新聞に「エネルギー覇権、米の野望」という記事がありました。「米エネルギーの黄金時代がまもなく来る。それは米国の黄金時代でもある」とのトランプ大統領の演説（2017年6月）が紹介されていました。日米金利差がますます開くだけでなく、このニュースで紹介されている内容も、今後ドル高円安が続くと思う理由です。

その他、ドル高円安が進むと思う理由は山ほどあるのですが、もう一つだけお話しします。

9月29日の日経新聞1面に「日経平均27年ぶり高値圏」との記事が載っていました。「そんなこと言われてもね～」と思いました。27年前（1991年）と株価が変わらないということで情けなや、です。

ちなみに1991年末のNYダウは3168ドル、今（9月28日現在）は2万6486ドルで8・4倍です。米株は史上最高値。一方日本株は史上最高値（終値）の3万8915円の62％にすぎないのです。これこそ国力の差だと思います。これもドル高円安が進むという理由です。

ところで、私は円安論者なのに「円安が進んだら大変なことが起きる（＝CPI2％達成後、日銀が何もできないことが露呈し、日本売りが始まる）と言うのは矛盾ではないか」というご指摘があるかもしれません。これについては後述の〈参考〉をご参照ください。

参考　為替が物価・景気に強い影響力があることについて

「通貨安はインフレ懸念」としょっちゅう新聞の見出しには躍るのに、普段そういう発想が余り出てこないのが私には不思議です。

2015年冬に1ドル＝125円と円安になったのに、その後円高に変わってしまったせいでCPI2％が達成できていないのだと私は思っています。円安政策がデフレ脱却の最安かつ最も強力な手段であるとは、30年来の私の主張です。そのせいで金融業界で私は〝Mr・円安〟と揶揄されています（本当は国の実力に合わせて為替は変動すべしという変動為替論者なのですが、この30年間、日本経済が低迷しているので円安を主張し続けているのです）。

円安にするためには日銀の米債購入、マイナス金利政策、ドル建て日本国債発行、マル外（一定額まで利息、キャピタルゲイン非課税）などいくらでもあると実務者として主張してきました。国力と合致したレベルからの修正は難しいのですが、実力から乖離《かいり》した為替レベルの修正は難しくないはずです。

1972年以前の1ドル＝360円時代と対比すると、名目ですが、円はスイスフランに次いで高騰しているのです。ですから経済が低迷してしまったのだと思います。

『Japan As No.1』という本が出た1979年は、1ドル＝240円でした。あのときあんなに弱かった米国が復権し、No・1だった日本が落ちぶれているのです。それなのに円が110円と強くなったのがおかしいのです。

日本は財政政策（世界最大の赤字）も金融政策（中央銀行が世界最大のメタボ）も極限ま

で発動したのに、名目GDPの伸び率で世界の超劣等生です。それこそ国力に比べて円が強すぎた証左だと思っています。私が習ったビジネススクールの経済学の教科書には景気対策として財政政策、金融政策、為替政策の3本柱が書いてありました。2本を最大限発動しても景気が強くならないのなら、3本目に問題があるはずなのです。

ユーロ圏において、ドイツは通貨ユーロが国の実力より弱いので経済は繁栄、財政は健全なのです。南欧諸国は逆に通貨ユーロが国の実力より強すぎるので、経済が低迷しているのです。日本は南欧と同じ状態です。ユーロ圏は共通通貨ユーロを使用しているので、通貨調整による景気回復ができません。日本はできるにもかかわらず無頓着だったわけですから、もったいないことをしていると強く思います。

参考 私が今、強く円安を主張しない理由

私は、残念ながら今は円安を主張していないのです。今まで述べてきたように、ここまで財政が悪くなり、日銀がメタボになっている場合、円安が進行すると日本売りの引き金を引いてしまうからです。

私が主張していたのは、この事態を避けるための円安論でした。30年前から私の主張を聞いてくださっていれば、穏やかな円安とともに日本経済は回復。累積赤字もたまっていなか

ったと思うのです。

ドイツは通貨ユーロが国力より弱く、景気絶好調、そのおかげで財政も健全ですが、日本が昔から円安政策を取っていれば、今頃ドイツと同じ経済状況だったはずなのです。大変残念です。ただ混乱期を過ぎてできる新しい日本では、為替は国力に連動して動く仕組みを確立すべきです。為替は景気の自動安定装置だからです。

4 ステルステーパリングが加速し、日銀の年間国債購入量が34兆円以下になったとき

国は毎年三十数兆円の赤字を出しています。2018年度当初予算では34兆円の赤字です。これを新発債の発行で補っています。このほか、満期が来た国債（年間約百十数兆円）の償還資金は、単年度予算も赤字のため当然ありませんから、この償還資金も国債を再度、発行して調達しなければなりません。そこで新発債と借換債で年間約150兆円を発行している（2015年度）のです。

このうち日銀は約110兆円を購入しています（2015年度）。現在も日銀は長期国債を年間80兆円ずつ増やすという政策目標を掲げていますが、これは日銀保有の国債が満期になり資金が返ってきた分を再投資する他に、年間80兆円の国債を買い増すことです。

計算上は日銀保有の国債が満期になったら、その分は再投資した上で、34兆円の新規国債の

他に、民間金融機関から46兆円分を買い取るということです。34兆円＋46兆円で80兆円の純増が達成できるのです。

ところで「日銀は今、ステルステーパリングをしている」という言葉をメディア等でよく耳にするかと思います。これは日銀が「長期国債を年間80兆円買い増すぞ」と言っていながら、実際には年間買い増し額を減らしていることを意味しています。現在、年間40兆円増くらいのペースでしか買い増しをしていません（ステルスの意味は「ひそかに」。テーパリングの意味・詳細はⅡの**1**をご覧ください）。

ところで、「政府が毎年三十数兆円の新規国債を発行している以上、誰かがその分を買ってくれる。すなわち誰かが毎年、新規発行分の国債を買い増ししてくれないと大変だ」と前に書きました。誰も保有国債を売らなければ、国債市場が安定するわけではないのです。

昨今は日銀がその〝買い増し〟の役割を果たしています。銀行、機関投資家は保有していた国債を日銀に売りまくって残高を圧縮している状態なのですから、〝買い増し〟をしてくれている日銀がいなくなったら大変な危機ということです。

ステルステーパリングで年間40兆円程度の買い増しにまでペースを落としていますが、政府の新発債発行額が34兆円以下のペースに落ちてきたら大変です。今この数字に近づいてきていますが、この数字を割ってくれば日銀は「新発債分を〝買い増す〟のをやめた」ことになります。誰が新規発行分を買い取るのか？　買い取る人がいないと、供給過多になります。市場がそこに注目し始めたら、大混乱の始まりだと思います。

5 地銀のさらなる経営悪化、連鎖倒産が起こったとき

2018年7月31日の金融政策決定会合で日銀は、長期金利の誘導目標を引き上げました。これは異次元緩和の副作用として長短金利差が縮小し、地域金融機関が苦しくなったからだと言われています。

しかし（これも前に書いたように）地域金融機関が保有している国債は決算時、時価で評価しなければならないものが大半ですから、長期金利が上昇すると評価損を計上しなければならなくなります。長期金利が上昇してもしなくても、地域金融機関の経営は苦しいままです。

長期金利が2018年にさらに上昇すれば（日銀自身の保有債券にも評価損が生じ、それ自体が大変なことですが）、同年の決算が大変なことになるでしょうし、上昇しなければ、いつまで経営が持つかの持久戦になるのです。

もし地域金融機関がバタバタと倒れる事態になれば、政府・中央銀行はなんとかしなければなりませんが、合併を進めるにも限界があります。なんともしようがないでしょう。これをもって市場が大混乱に陥る可能性は十分あると思います。

2018年の8月下旬、公正取引委員会（公取）がふくおかフィナンシャルグループと十八銀行の経営統合を最終的に承認しました。長崎県内の融資シェアが7割に高まることを公取が問題視し、それに対し金融庁が統合の必要性を訴えるリポートを発表するなど紛糾していたのです。最終的に銀行側が債権譲渡を行ったとの理由で承認が下りたのです。

しかし私は、いよいよ地銀の経営が行き詰まってきて、公取が「筋を通した結果、地銀が連鎖倒産を引き起こす」事態を避けたかったからでは？　と穿《うが》った見方をしてしまいました。この件に関しては一件落着でも、異次元金融緩和は多くの地銀の経営悪化で、そろそろ限界を迎えてきたのではないかと思ってしまいます。

地域金融機関の経営悪化が新聞紙上に頻発するようになったら要注意です。

6 原油価格の上昇が起こったとき

2018年8月7日の日経新聞「原油　拭えぬ供給不安」という記事の中に「『いざ封鎖となれば1バレル100ドルを超える』（日産証券の菊川弘之氏）」「（ホルムズ）海峡封鎖を強行すれば、イランが世界中から非難を浴びるのは確実」という記述がありました。

海峡封鎖の確率は低いと思います（国際政治の専門家ではありませんので単なる私の感覚で話をしています）が、万が一、封鎖されれば、さすがに原油価格は上昇し、その影響でCPI

は容易に2％に達するでしょう。「さて日銀はどうする？」となったときでも、今まで述べてきたように、日銀には利上げの方法がありません。それが明々白々となればインフレが暴力的に加速するとともに、市場の暴力（日本売り）が起こる可能性があることを認識すべきです。

なおWTI（ウェスト・テキサス・インターミディエイト／米国テキサス州とニューメキシコ州を中心に産出される原油価格。原油価格の世界的指標の一つ）は9月28日時点で1バレル73・25ドルです。

2017年3月21日の参議院財政金融委員会で岩田副総裁（当時）に「物価が上昇しないのは円高のせいではないか？」と質問したのですが、答弁は「原油価格などの外的要因によって実際の物価上昇率が下落する。それに影響されて予想物価上昇率が下落するから」でした。

その約10日後の3月30日にも同じようなご答弁で、私自身が物価低迷の主因と考える為替には全く触れられなかったのです（岩田副総裁には「為替には全く触れませんでしたが、為替のせいではないですか？」との指摘はしておきました）。

この答弁から岩田副総裁は、原油価格低迷が物価低迷の主因と考えていたことがうかがえます。日銀が異次元緩和をスタートした理由は「経済規模に対してお金の供給量が少なすぎる」というリフレ派理論だったはずですから、原油価格の動向などはマイナー要因もいいところだったはずで、この答弁は一貫性に欠けていると思います。リフレ派が原油価格の下落を物価低迷の主因にするのは、いかがなものでしょうか。

それは横に置いておいても、今後、万が一、WTIが1バレル100ドルになっても物価がさほど上昇しなかったら、あのときの岩田副総裁の答弁はなんだったのか、後継の若田部副総裁に聞いてみたいと思っています。岩田副総裁がこの発言をされた2017年3月のWTIの平均は49・6ドル、現在73・25ドルで異次元緩和を開始した2013年の平均98ドルにだいぶ近づいてきています。

私は為替が主因であると信じておりますので、原油価格が上がらなくても、円安にさえなれば物価は上昇すると思っています。そうは言いながらも、逆に為替レベルが変わらずとも原油価格が上がれば、CPIがそれなりに上昇するのも事実でしょう。

ホルムズ海峡の封鎖だけではなく、なんらかの理由で石油価格が急上昇すればCPIが上昇し、異次元緩和中止か否かの議論が始まり、市場が荒れる可能性は十分あります。注意が必要でしょう。

7 経常収支の赤字化が固定したとき

原油価格が上昇すれば日本の経常収支の黒字はかなり小さくなると思いますが、それ以外でも、なんらかの理由で経常収支が恒常的に赤字になりそうなときは注意が必要です。

経済学では、経常収支の赤字化は「長期金利の上昇」「円安進行」または「その両方」を導くと教えています。異次元緩和を行っている日銀にとっては、どちらも食い止める手段がありません。日本売りの危機です。

8 不動産価格、株価が上昇したとき

2018年8月13日、NHK朝6時のニュースで「首都圏のマンション価格高騰」と報道されていました。株こそまだ低迷していますが、不動産価格が上昇、人手不足となっている状況は1985年から1990年にかけての狂乱経済時代（＝バブル期）に似てきました。

注目すべきは、あのときのCPI（消費者物価指数）は全国総合で当初は0・5％にすぎなかったことです（左頁の図ご参照。1986〜88年の全国総合CPIは0・5％）。現在の異次元緩和の目標の2％より低かったのです。それなのに経済は狂乱しました。

当時の日銀はCPIのみに注目し、資産価格の上昇を見過ごしてしまい、引き締めが遅れたのです。それと同じミスを今、日銀が犯している気がします。黒田日銀総裁ご自身が一橋大学教授時代の2004年に書かれた『元切り上げ』（日経BP社）という本の中に「あのバブルのときに金融を引き締めるべきだったけど遅れてしまった」と書いてあるにもかかわらず、今回も引き締めが遅れそうなのです。

バブル前後の消費者物価指数（生鮮食品を除く）の推移

年	全国総合（%）	東京都区部総合（%）	ドル/円	日経（円）	
1982	2.8	3.0	235.30	8,016	
1983	1.7	2.1	232.00	9,893	
1984	2.2	2.4	251.58	11,542	
1985	1.8	2.1	200.60	13,113	バブル
1986	0.5	0.7	160.10	18,701	バブル
1987	0.5	0.7	122.00	21,564	バブル
1988	0.5	0.9	125.90	30,159	バブル
1989	3.0	3.2	143.40	38,915	バブル
1990	2.7	2.7	135.40	23,848	バブル
1991	2.6	2.7	125.25	22,983	
1992	2.1	2.2	124.65	16,924	

※1995年基準

出典：日本銀行主要統計ハンドブックより（元データは総務省）

バブル時は金融引き締めが遅れたことが問題でしたが、今の日銀にとっては（今まで述べてきたように）引き締め手段を失ってしまったことが大問題です。資産価格上昇が続いた場合、日銀の引き締め能力なしの状態が明々白々になり、資産インフレとインフレ（CPI上昇）がともに加速し、市場の暴力（日本売り）が起こる可能性が大であることを認識すべきです。

9 社債発行が急増したとき

2018年9月3日の日経新聞の1面トップに「超長期債 発行2割増～金利上昇に備え、日航は20年債準備」という記事が出ていました。

「償還までの期間が10年を超える超長期債

の発行が相次いでいる。日本航空は20年債の発行に向けて準備を進める。6月にはファーストリテイリングが初めて20年債を発行し、1～8月では発行額が2割増えた。企業は将来の金利上昇への懸念から、低いうちに設備投資などに充てる長期資金を確保しようとしている」とのことです。

世界中が金融緩和から撤退している中、日銀が長期金利を低く抑えていると金利先高観を持つ企業がますます社債発行をしてくると思います。十分な量の社債が市場に供給され、格付けも高く、国債より金利も高い社債を投資家は購入すると思います。米国のように間接金融から直接金融にシフトしていくわけです（後述の〈参考〉ご参照）。

国債市場は日銀の存在が巨大すぎて形骸化。そうなると社債金利が長期金利の指標になる可能性もあります。こうして長期国債の購入者は、日銀しかいなくなるのです。

完璧な実質財政ファイナンス化と言え、インフレ懸念が強まります。企業はますます金利先高感を持ち、社債発行に走るということになります。まさか今度は社債を日銀が全部購入することなぞできませんから、日銀がいつまでも長期金利を抑えられるわけがないのです。こうしてたまっていたマグマが爆発します。

参考 **日経新聞2018年8月24日「『くず債』避ける日本の弱さ」**

「借り入れも社債も同じ負債だが、内訳は日米で大きく異なる。日本企業は借入金の残高が社債の5倍と融資に依存する。対照的に、米企業は社債が借入金の4倍強を占め、市場調達が柱をなす」

Ⅵ 混迷解決は日銀倒産と新日本銀行の設立

1 ハイパーインフレ鎮静策として「預金封鎖&新券発行」はあるか

ＣＰＩ（消費者物価指数）が２％に安定したとき、またはバブルのときのように資産効果で景気が過熱してきたとき（注：資産価格の上昇はＣＰＩに入らないので、資産価格は高騰でもＣＰＩは低迷の可能性がある）、日銀は大変難しい立場に追いやられます。

ＣＰＩ２％の目標を達成したのだから公約どおり異次元緩和をやめられるかというと、まず無理です。異次元緩和をやめると、政府が資金繰り倒産に追いやられてしまうからです。

年間国債発行額の60〜80％を買っている日銀が市場から撤退すれば、他の市場と同様、値段は大崩れです。国債の値段と利回りはコインの裏表の関係ですから、長期金利は急騰です。

日本は１０８８兆円もの借金を抱えているのです。金利が急騰したら、支払金利が急増し、予算など組めません。まさか20％、30％の金利で国債発行をして、年金支払いや公務員の給料などを払うわけにはいかないでしょう。

20％や30％などあり得ないなどと思わないでください。長期金利の過去最高は１９８０年４

月の11％ですが、米国では１９８０年に20％を超えています。

「最近は、日銀はステルステーパリングと言って年間国債購入量を減らしているとはいえ、いまだ公式的には年間80兆円買い増すことになっている。この80兆円増という数字と、地域銀行の国債保有額の29兆円（２０１７年9月末）とを比べてください」と前に書きました。

「地域銀行が完全に国債購入をやめた」とのニュースが流れたら長期金利は跳ね上がると思いますが、それなら毎年80兆円も買っている日銀が購入をやめたというニュースが流れたら長期金利はどうなるだろう？　と考えても、その衝撃度がおわかりかと思います。

政府が資金繰り倒産してしまうからといって、異次元緩和をやめることはできないのです。異次元緩和をやめるだけでなく、日銀が短期金利や長期金利を逆に引き上げ始めたらどうでしょう？　今まで述べてきたように損の垂れ流しで、日銀倒産です。長期金利も急騰するので、政府は予算を組めません。こうなると政府と日銀の双方ともアウトです。

こう考えてみると、ＣＰＩが2％になろうとも3％になろうとも10％になろうとも20％になろうとも、またはバブルのときのように資産効果で景気が狂乱しても、異次元緩和中止の決断を政府・日銀はできないことがおわかりかと思います。毎日、天から円紙幣が降ってくる状態が未来永劫《えいごう》に続くのです。

２０１８年8月13日の日経新聞夕刊1面トップ「トルコショック、株安広がる」の記事中に

「リラ安の影響でインフレ率が16％に達しており、市場関係者はそろって現在17・75％の政策金利を引き上げる必要性を指摘している」とあります。

円が急落すれば、日本にもインフレが起きることを予感させる記事です。トルコは大統領さえ納得すれば、金利を引き上げてインフレを抑えることが可能ですが、日銀は金利引き上げの手段を失ってしまっています。インフレを抑えられず自国通貨がさらに弱くなり、それがさらなるインフレを加速する。悪循環が始まってしまいます。ハイパーインフレ一直線です。

このハイパーインフレを抑えるにはどうしたらいいか？　が問題です。まずは昭和2年や21年に行われたような預金封鎖と新券発行が考えられます。

預金封鎖をしてタンス預金をあぶりだします。銀行に預金しないと新券に替えてもらえなくなる。古い紙幣は今後流通しなくなるのですからタンス預金は銀行に預金され、その後、福沢諭吉1万円札100枚が新1万円札1枚に交換されるという方法です。

新券の印刷が追いつかなければ、昭和21年のときのように、しばらくは印紙を貼った旧福沢諭吉1万円札が流通するのかもしれません。

ただ昭和2年はもちろん、昭和21年に行われたこの処置は戦後とはいえ、明治憲法下で行われました。私有財産権が確立していない憲法だったのですから、かなり強烈なことができたのかもしれません。しかし私有財産権が確立している現憲法下で同様のことができるか私には疑問です。

この方法では、ハイパーインフレ鎮静化前に、国債を償還しなければなりません。

私が現役時代は、政府に国債の期限前償還の権利がありました。外国人が騒いだので、よく覚えています。しかしそのせいでその規約をなくしてしまったので、どうやってハイパーインフレ鎮静化前に国債を償還するかが課題として残ります。

参考 **朝日新聞2013年10月12日「昭和史再訪」**

「太平洋戦争に敗れて半年。1946年2月16日土曜日夕刻、ラジオから渋沢敬三蔵相の声が響いた。『貯金預金信託などは……生活を維持なされるために必要なお金のほかは当分の間、自由な払い出しを禁ぜられ……10円以上のお札は3月2日いっぱいですべて無効になるのであります』国民にとっては寝耳に水。翌日実施の『預金封鎖・新円切り替え』宣言だった」

「旧円を紙くずにしたくなければ預金するしかないが、毎月世帯主300円、それ以外は1人100円しか引き出せない。給料も現金払いは500円に制限され『500円生活』という言葉が生まれた。この年の警視庁巡査の初任給が420円だった」「渋沢は預金封鎖を『悪性インフレを抑えるためのやむを得ない方法』と強調した。市中に出回る日銀券は1カ月でほぼ4分の1に減り、インフレは一時沈静化した」

❷ 財産税の徴収はあるか

財産税が課されるか？　とよく聞かれます。正直わかりません。そもそもハイパーインフレは大増税と同じだと述べてきました。ハイパーインフレが起これば、国は国民の財産を十分に奪い取ってしまうはずです。1088兆円の巨額借金も、タクシー初乗りが1兆円時代になれば、実質シミのようなものです。財産税によってのさらなる徴税は必要ないかとも思います。

このとき重要なのは、どうやってハイパーインフレを抑えるか？　であって、それには財産税はさほど有効ではありません。昭和21年の際は財産税徴収のせいで資産が流動化し、逆にインフレをあおってしまったという話も聞きます。

万が一財産税を課すことになっても、不動産（特に自宅など）に課すと支払う原資がないので、難しいでしょう。金融資産がなくて不動産しか持っていない人は売却しなければなりませんが、そんな時代には買い手を探すのが大変です。先ほど述べたように逆にインフレをあおるリスクがあります。

可能性があるとすれば、国が把握しており、または調査しやすく、かつ支払い原資（＝預金の一部を税金として徴収）がある銀行預金等が課税対象としてまずは考えられます。

ハイパーインフレで実質的に預金（現金）に価値など残っていませんが、税金という形で流通貨幣を回収するという目的なら実施の可能性もあるかと思います。

❸ハイパーインフレ鎮静策でドルが法定通貨になるか

円の信用が失墜しハイパーインフレになった場合、失墜した法定通貨の地位を回復させるためには既存の通貨・円をあきらめ、代わりにドルを法定通貨として採用するというアイディアもあるかと思います。現実的に法定通貨・円の価値が失墜していれば、商店は「ドルでしか物を売らないよ」ということが現実になっているのかもしれません。

以前は法定通貨以外での決済が認められていませんでしたが、現在は自由化されており、お互いが事前に納得すれば、米ドルでの決済も可能です。その事実を追認し、ドルを法定通貨化してしまうことも考えられなくはないと思います。円も法定通貨として残せば、実質価値のなくなった円が使われないだけで、私有財産権の侵害には当たらないでしょう。

2018年7月28日の日経新聞「ベネズエラ　100万%インフレの脅威（下）」の中に「ジンバブエのように自国通貨を放棄し、法定通貨をドルに置き換える『ドル化』を唯一の処方箋とする専門家も多い」という記述がありました。

ジンバブエはハイパーインフレで悩んだ結果、2009年に自国通貨を廃止し、米ドルなど

ハイパーインフレになったジンバブエでは、4万5000ジンバブエ・ドル（0.45ドル）でパン1つを国民が購入していた／写真:共同通信社

9つの外貨を法定通貨としました。この方法を取ったのはジンバブエだけではありません。ユーゴスラビア政府も1994年、ハイパーインフレを鎮静化させる手段として「交換レートを独マルクに連動」させました。「連動させる」ことは自国通貨のマルク化と同じです。いつでも同じレートでマルクに交換できるのと、自国通貨を放棄しマルクを法定通貨としてしまうことは同じなのです。自国通貨（ユーゴスラビア紙幣）の図柄を用いたマルク紙幣になるのですから。

ただ日本の法定通貨にドルを加える、または円のドルへの連動に関して言えば、私有財産権の侵害などの憲法違反ではないかもしれませんが、国の威信の問題があります。

さらには、これは固定相場制と同じで、金融政策の放棄につながります。したがって可能性がゼロだとは言いませんが、採用されないと私は思います。

4 日銀倒産&新しい中央銀行の創設について

私が、今、一番ありそうなシナリオとして考えているのは、日銀を倒産させ、新しい中央銀行を創設することです。ガラガラポンの世界です。

1998年12月に寝ころびながらテレビのニュースを見ていたら、アナウンサーが「日銀がつぶれました」と原稿を読んだので、びっくりして飛び起きたことがありました。実際は日本債券信用銀行、略して日債銀の話で、すぐに訂正が入りましたが、今そのようなニュースが流れても驚かなくなってしまった状況には悲しいものがあります。

ちなみに日銀法では「日銀が解散した場合、残余財産分配権は出資者には認められておらず、国に帰属する」となっています。仮に日銀が解散する場合でも出資者への分配はないということですが、先人は、法律とはいえ中央銀行の解散も頭の中に入れていたのです。さすが、です。

ドイツでは戦前の中央銀行であるライヒスバンク(ドイツ帝国銀行)が第1次世界大戦の戦費調達のために異次元緩和を行い、1923年に大変なハイパーインフレを引き起こしました。1月にパン1つ250億マルクだったのが、12月には3990億マルクになっていたのです。

これで懲りたかと思いきや、ヒットラーの圧力に負け、第2次世界大戦でも戦費調達の異次元緩和を行い、戦後ついにつぶれてしまいました。

当然、発行していたライヒス・マルクは紙くずになったのです。そして新しい中央銀行のブンデスバンクが設立され、通貨ユーロに取って代わられるまで、ドイツ・マルクが流通したのです。このライヒス・マルクからドイツ・マルクへの切り替えで、通貨の安定性と銀行の健全化が混乱期にもかかわらず保持できたのです。

私には日銀も、ライヒスバンクと同じ道を歩んでいるとしか思えません。

もちろん日銀が消滅しても、社会の基本インフラである中央銀行が存在しない国はありませんから、新しい中央銀行が作られます。今の日銀は残務処理を行う機関としてしばらくは残るでしょうが、中央銀行としての役割は終わりです。

この結果、円預金をしている人はそれが無効になりますが、そもそもハイパーインフレで、円にはほとんど実質的価値なぞ残っていません。1億円の預金が残っていても、ハイパーインフレでタクシー初乗り1億円なら、それはなきに等しいことはおわかりでしょう。

5 なぜ預金封鎖・新券切り替えではなく、日銀倒産・新中央銀行設立だと思うのか?

今回の危機対応(ハイパーインフレの鎮静化)は昭和2年や昭和21年に行われた預金封鎖と

新券発行との組み合わせではなく、日銀倒産&新中央銀行設立という形で行われるのではないかと私は思います。

もっとも預金封鎖・新券発行と日銀倒産&新中央銀行設立のどちらを選択するかは、時の政府がどう考えるかであり、現段階では頭の体操の域を出ていません。

先ほど述べたように昭和2年はもちろん、昭和21年も終戦後といえども、明治憲法下で行われました。私有財産権のなかった明治憲法と違い、日本国憲法が適用される現在は、私有財産権に配慮しなければなりません。

預金封鎖や新券発行は、この私有財産権に抵触するのではないか? と思うのです。

一方、日銀という半官半民の会社がつぶれて国民が財産を失っても、それは政府が私有財産権を犯したことにはならず、憲法違反にはならないと思うのです。一般の会社がつぶれて債権者が損を被るのと同じです。発行銀行券や日銀当座預金等の日銀の債務を債権者である我々国民が失うのは、一般企業の倒産による債権者の権利喪失と同じです。

日銀という半官半民の会社がつぶれて、債権者(=国民や民間金融機関)が債権(=日銀の債務である発行銀行券や日銀当座預金)を実質失うことは、憲法で認められている私有財産権の侵害にはならないと私は思うのです(ただ私は法律の専門家ではないので、この辺はこれから専門家と詰めてみたいと思います)。

さらには預金封鎖・新券発行ではハイパーインフレ鎮静策の発動前に、国債という政府の債務をなんとか名目上減らしておかねばならないと第1節に書きました。日銀倒産・新中央銀行設立なら、その心配もありません。

以上の理由から、今回は預金封鎖・新券発行ではなく、日銀倒産という形を取るのではないかと個人的には思っています。

参考 **「経済セミナー」2000年7月号「第一次大戦後のドイツと第二次大戦後の中南米」（小浜裕久・浦田秀次郎共著）**

「第一次大戦後のドイツにおけるハイパーインフレは新通貨の導入および独立性を持つ中央銀行の設立により急速に終息にむかった。

ハイパーインフレは、独立性の高い中央銀行が設立され、政府の財政赤字を紙幣の増刷で賄うことを拒否したことで終息した。独立性の高い中央銀行は政府に対して財政の健全性を余儀なくさせたのであった」

VII 個人はこの事態にどう対処すべきか

1 保険としてドルと仮想通貨を買う

まずこの本を読んで日本の財政、日銀の状況をつかんでください。戦国武将が戦いの前に状況を視察するのと同じで、状況をきちんと把握することが第一歩です。状況をつかんでいただければ、今は金儲けを考える時期ではなく、自分の財産を守る時期だと気がつくはずです。火災保険をかけて万が一、火事が起こらなくても「あ〜、よかった」と思うのが普通で、「火災保険料を損した」と思う人はいないと思います。国の財政状況、日銀の財務内容を考えると、火事（＝Xデー）の確率は高まっているのだと思います。火事の確率が低いときは火災保険に入らないのも一つの見識ですが、高まれば入るのが賢明だと思うのです。

火事に相当するのがハイパーインフレで、保険に相当するものがドル資産と仮想通貨の購入です。

仮想通貨に半信半疑の方は口座だけでも開き、少額でいいので何度か売買の練習をしておくだけでもいいかと思います。口座を開くのは難しいものではなく、パソコンやスマホでできます、というかパソコンやスマホでしかできません。高齢者の方でよくわからなければ若い人に口座開設だけ手伝ってもらえばいいでしょう。一度開設して数回、ごく少額を買ったり売ったりすれば、慣れると思います。最高の勉強法は実践です。

他国の例を見ていても、財政が危機に陥った国では仮想通貨に多くの人が逃避します。危機は急にやってきます。近づいてきてから「どうやって口座を開くの？」などとやっても間に合いません。実践で勉強してみても、どうしても疑心暗鬼のままであれば、保険料程度もしくは宝くじを買う程度の少額の投資でもかまわないと思います。本当に危機が来たときには対円で宝くじ並みに上昇する（というか円の暴落がすさまじい）、と思うからです。最低限の守りができます。

2 避難通貨としてドルを買う

①なぜドルがいいのか？

日本では「円こそが避難通貨だ」と信じている人がいるようですが、米ドルこそが避難通貨です。世界ではそう考えている人の方がよほど多いと思います。２０１８年8月12日の日経新聞「トルコショック、市場を揺らす」の記事の中でステート・ストリート・グローバル・アドバイザーズのマイケル・アローニ氏は「安全資産への逃避でドル高が継続すれば——」と発言しています。世界では「安全資産はドル」と思っている証拠です。

米国は政治も軍事力も経済も、今や世界最強です。保険を買うときつぶれそうな保険会社の保険は買わないと思います。安心な保険会社の保険を買うでしょう。それと同じように、保険としては強い国の通貨を買うのが王道です。よく金利の高い新興国通貨はどうですか？　と聞かれますが、昔から言っているとおり流動性のない（＝規模の小さい）市場の金融商品は、私は嫌いです。いざというときに逃げることができないからです。

少しぐらい金利が高いという理由で、新興国通貨に手を出すのは考えものです。最近ではトルコリラに投資している方が痛感したのではないでしょうか？

何度も言いますが、今は儲ける時期ではなく自分を守るときです。前節でこの本を読んで事態を十分把握してくださいと書いたのは、そういう意味でもあります。

②ドルで何を買うか？

保険の意味で買うのであれば、私は第一にドルMMFかドル預金をお勧めします。どちらがいいかはその方の年収によります。

預金は元本保証（ただしドルでの話。為替で損をすることはあります）。一方、ドルMMFは短期金融商品に投資する投信ですから、元本割れ（ドルでの話）の可能性はあります。ただ基本的に1年未満の米国債や優良会社の1年未満の社債に投資していますから、実際には元本割れの可能性はごく低いと思います。

大きな違いは税金で、ドルMMFの為替益は20％の源泉分離課税ですが、ドル預金は総合課税で確定申告が必要となります（ただし、一つの会社だけから給料をもらっている人で、給料・ボーナス、退職金以外の収入が20万円以下なら確定申告をしなくてもよいなどの規定があります。確たることはご自身でお調べください）。

すなわち為替が1ドル＝100円から1ドル＝1000円になって900円の為替益があったとき、最高税率適用の方を例にすれば、20％の180円の税金を払う（ドルMMFの場合）か495円払う（ドル預金の場合）かの選択ですから、ドルMMFの方がいいということになります。

ただしドルMMFにしても、日本国内にある銀行・証券会社（外国会社の支社・支店を含む）を通じて購入した場合にだけ源泉分離課税が適用され、外国にある銀行・証券会社で買ったドルMMFの為替益は、総合課税になることにはご注意ください。年収によってどちらが有利か、また確定申告をするめんどくささ等を勘案してご判断ください。

長期のドル建て債券（米国債を含む）に投資するのは、私はあまり好きではありません。

長期債の方が利回りは多少高いでしょう。しかし何度も申し上げますが、今は儲けを狙う時期ではありません。Xデーが来て円が暴落したときに、どうやって自分の財産を守るかを考えるべきときです。

日本にXデーが来れば、さすがに米国長期金利も多少は上振れすると思います。金利と価格はコインの表裏の関係ですから、値段は下がります。同じ利回り上昇だと、短期債よりも長期債の方が値段の下げ幅がかなり大きいのです。すなわち米長期債に投資していると、為替で儲けても、元本（ドル建ての）が大きく毀損する可能性があるのです。せっかく大きな為替益があったのに、ドル建て元本の下落で合算すると「そうでもなかった」ということになりかねないのです。もっともXデーが来たときには、為替益の方がドル建て元本の毀損より、はるかに大きいとは思います。

なお保険の意味がなかったとき（＝Xデーが来ない）でも、私は歴史的に見て世界中の長期金利は低すぎぎで、今後上がってくると思うのです。そのような点からも、どうしても長期債をお買いになりたいのなら、短めの期間の長期債をお勧めしたいと思います（私はMMFや短期債が好きです）。

米国株は、まだまだ上昇する可能性があると思います。しかし、すでに相当上昇していますし、日本にXデーが来るときは、さすがに多少は下押しするでしょう。

お買いになる場合は、こわごわと（＝いつでも逃げる心構えを持ちながら）買っていただければと思います。あくまでも今は自分の財産を守る時期で、儲けを考える時期ではないのです（もっとも私は2000年以前から米国株をお勧めしながら、自分自身は早く降りすぎてしまいました。先のコメントは自分が早く降りすぎてしまった悔しさから発したものかもしれません〈苦笑い〉）。

③日本にある金融機関に預けていて大丈夫か

「日本にある金融機関を利用していた場合、たとえ外貨で保有していようとも、預金封鎖に巻き込まれてしまうと思うが大丈夫か」とよく聞かれます。

先に述べたようにハイパーインフレ鎮静策として「昭和2年や昭和21年のような預金封鎖・新券発行」と「日銀倒産&新中央銀行設立」の2つの方法があると思いますが、時の政府は後者を選択するのでは？　と思っています。

もっとも非常事態になれば何が起こるかわかりませんし、時の政府がどう考えるかもわかりません。私がここに書いたことは、現段階では「頭の体操」の域を出ていません。参考として頭にとどめ、臨機応変に対処していただければと思います。

④預金封鎖・新券発行が起きる場合、日本にある金融機関を利用していて大丈夫か？

日本にある金融機関を利用していたら、それが日系であろうと外資系であろうと、すべて網にかかってしまうと思います。預金封鎖から逃れるには、外国に口座を開き、物理的にお金を海外に逃がすしかありません。

しかし外国に口座を持つことは、最近特に難しくなっているようです。マネーロンダリングに外国政府・金融機関がセンシティブになっているように感じます。

個人が外国に口座開設をするには、英語ができて海外の決済システムに通じていることも必要です。富裕層ならプライベートバンカーなどが助けてくれるでしょうが、そうでないとかなり困難が伴うと思うのです。預金封鎖はハイパーインフレ鎮静策です。日本はまだデフレです。ハイパーインフレ時代をどう生き延びるかを考えるのが第一です。生き延びられなければ、ハイパーインフレ鎮静時代に守るべき資産は残っていないのですから、まずはハイパーインフレを迎える際、いかに自分の財産を守るかを考えるべきです。

ハイパーインフレ時代を乗り切れば、たとえ海外に財産を物理的に移す手段がなくても、実物資産や仮想通貨に替える（後述します）とかいろいろ方法はあるはずです。

われわれは将棋指しでも囲碁棋士でもありません。先の先を考えると頭が痛くなってしまいます。まずは近い将来起こりうる危機をどう生き延びるかを考えるべきだと思います。

もう一点、富裕層で海外に口座を開こうか？　と思っている方への忠告ですが、海外口座における儲けは、例外なく総合課税です。先ほどドルのＭＭＦは国内で購入すれば20％の源泉分離課税だと述べましたが、国外での購入だと総合課税となります。

理想的な行動は、ハイパーインフレ加速時代は日本で資産を運用し、ハイパーインフレ抑制策が出そうになったら海外に物理的に資産を移すことでしょう。

なお日本の税務当局は、海外資産をかなり的確につかんでいると思います。脱税だけはやめた方がいい（というか絶対にやめるべき）と思います。

⑤日銀倒産の場合、日本にある金融機関を利用していて大丈夫か？

日銀倒産の場合、紙幣は日銀の負債です（紙幣には日本銀行券と書いてあります）から、日銀が倒産したら紙くずです。しかし、ドルはＦＲＢの負債であり、日銀の負債ではありませんから無効になるわけではありません。

ドル預金の場合、預けてある銀行がつぶれてしまえば話は別ですが、生き延びるのならきちんと返ってくると思います。最近、特にメガバンクは日本国債の保有を減らしていますから、金利上昇リスクに決して弱くはありません。

また銀行システムは基礎的なインフラですから、時の政府はなんとかして維持を図るでしょう。メガバンクでなくとも国債保有の少ない銀行は、何があっても生き延びると思っています。

ドルMMFの信用リスクは、販売元（皆さんがドルMMFを購入した銀行や証券会社）ではなく、運用会社にあります。A社の株をB証券会社を通じて購入した場合、A社がつぶれると株券は価値がなくなりますが、B証券会社がつぶれても価値は変わらないのと同じです。

運用会社が安全なところであれば、ドルMMFは安全だと思います。

❸ 避難通貨として仮想通貨を買う

①仮想通貨は避難通貨となりうるか？

預金封鎖が起こりそうだとしても、海外に物理的に資金を移すのは大変です。そうなれば、代替案としては仮想通貨が考えられます。別に海外にお金を逃がすわけではありませんが、ドルと同様、有効な避難通貨になると考えられるからです。

実際、資本統制（海外に資金を逃がすことを禁じる）の可能性が出た国では、国民が仮想通貨に逃げ込んでいます。

そもそも仮想通貨であるビットコインが世界的に注目を浴びたのは、2013年の欧州危機です。債務不履行の危機にあったキプロス政府が預金封鎖による資金課税を実施した際、キプロスの預金者と同国をタックスヘイブン（租税回避地）としていたロシア富裕層が「逃避先」

として選んだのがビットコインだったのです。

ハイパーインフレで有名なジンバブエも、街中にビットコイン対応のATMが設置されているなど仮想通貨がよく使われていると聞きます。2018年中には「KuvaCash」というスタートアップ企業が、仮想通貨を使ったスマホ決済を広めていく予定もあるそうです。ギリシャ危機でも同様の動きが顕在化しました。

また中国は元を安価にしておくために実質ドルペッグ制（ドルとの為替レートを一定にする）を敷いています。そうやって資本が国境を越えるなどの自由な動きを禁止しています。中国人は皆さんのようにドルを自由に売り買いできない（＝「資本統制」と言う）ですし、人民元では海外送金ができません。

そこで海外送金のできる仮想通貨に富裕層が走ったのです。中国政府は、その対抗策として2017年に主要な仮想通貨取引所を閉鎖しました。

これらの事例からは、世界の人々が法定通貨の価値が暴落しそうなときや資本規制（海外送金禁止）が実施されそうなとき、仮想通貨が逃避先として考えられることがわかります。以上が、円暴落の際の保険として仮想通貨を考えては？　と申し上げる理由です。

なお後述しますが、私は仮想通貨は将来、広く使われる魅力あるものだと思っています。その意味で仮想通貨を「まがい物」と捉えることだけは避けていただきたいと思います。

②仮想通貨はブロックチェーンとともに発展する

ブロックチェーン技術・仮想通貨は、インターネットに次ぐ革命になるかもしれないと言われています。社会のインフラを根本的に変えるかもしれないからです。

先日、昔からの知人である、コインチェック社を買収した証券会社マネックスグループ株式会社の会長である松本大氏と話をしました。彼は今のブロックチェーン技術・仮想通貨の状況は、金融界でのデリバティブの萌芽《ほうが》期に似ていると言っていました。

私も東京市場における為替・金利スワップ（デリバティブの代表商品）の萌芽期、為替スワップのほぼ全部、金利スワップのほぼ半分は「藤巻の取引だ」と言われていたくらいにデリバティブにクビを突っ込んでいたので、彼の言うことがよくわかります。

松本氏いわく「『何だ、これは?』とデリバティブをいぶかる人が多かった1980年代、目端の利く少数の投資家、銀行家、優秀な学者、技術者、法律家がデリバティブにクビを突っ込み、急成長していった。ブロックチェーンの現状と似ている気がする」。

私が勤めていたモルガン銀行も、萌芽期にデリバティブにクビを突っ込みました。1980年代後半、会長のウェザストン氏が来日し、「今日のわが社の利益の40%は、5年前には存在しなかったビジネスから稼ぎ出している」と演説したことを鮮明に覚えています。

このビジネスとはデリバティブ、特に金利スワップのことでした。私が東京市場で一番大きくスワップ取引をしていた発端は、このモルガン銀行の先見性にあったのです。

そもそもブロックチェーン技術は、仮想通貨のために開発されたものです。特に不特定多数が使うパブリック型ブロックチェーンでは、仮想通貨の存在が不可欠です。

費用を負担しながらシステムを管理する中央管理者がいないので、仮想通貨の発掘によって利益を得るマイナーと言われる人たちにシステムの管理を任せる必要があるからです。

その意味でブロックチェーンが「インターネットの次の革命」ならば、それと表裏の関係にある仮想通貨の未来も非常に明るいのです。

仮想通貨の創設者たちに会っていると、他のベンチャーと違い、理系出身者が多い気がします。理系だからこそビットコイン・仮想通貨のすごさがわかり、人より早くこの世界に飛び込んだのだと思ったくらいです。逆に言えば理系人間が「すごい」と思うからこそ偉大な技術なのだとも思います。もっとも、これは理系の方に対して、私がコンプレックスを持っているがゆえのコメントかもしれません（苦笑い）。

③支払い手段は政府が独占する必要はない

オーストリアの著名経済学者フリードリヒ・ハイエクは『貨幣発行自由化論』で通貨の脱国

営化論を述べています。世界での自由競争によって、最も健全で安定した通貨が発展するという主張です。何も通貨は国家が発行する必要はないということで、これこそまさに仮想通貨の考えに通じると思います。

同じような発想を2018年になって、米国の保守系シンクタンクであるヘリテージ財団のデータ分析ディレクターが米議会下院の審議会で発言しました。資本主義である以上、支払い手段も政府の独占ではなく、競争にさらされるべきだと言うのです。それでこそ人々にとって最良で効率的な決済手段が発見される。他のモノやサービスが競争にさらされてこそ、最良で効率的なものが生まれるのと同様だと言うのです。

だからこそ仮想通貨のキャピタルゲイン課税はすべきでないと、データ分析ディレクター氏は主張したのです。私は普段から、日本は計画主義的な発想で動いているが、もっと市場原理を大事にしなくてはいけないとの主張を持っていますが、さすがここまでの発想はありませんでした。目からうろこです。

仮想通貨が発展すると牙城を崩される中央銀行は反対！　と思いきや、そうでもなさそうです。2013年11月18日の米上院国土安全保障・政府問題委員会に宛てた書簡の中で、バーナンキFRB議長（当時）は「仮想通貨には効率性や安全性などが求められるとはいえ、長期的な価値がある」ことを認めています。

参考　2013年11月18日に開かれた米上院国土安全保障・政府問題委員会宛てバーナンキ議長(当時)の書簡の一部

There are also areas in which they may hold long-term promise, particularly if innovations promote a faster, more secure and more efficient payment system.

④ブロックチェーンの未来はなぜ明るいのか

ブロックチェーンの未来が明るければ、表裏の関係にある仮想通貨の未来も非常に明るいと述べました。どう明るいのでしょう?

ブロックチェーンとは「分権化された帳簿管理」という新しいシステムです。中央管理者がいないのです。特定の主体が集中的に帳簿を管理するのではなく、参加者の間で帳簿を共有しながら、分権的に管理します。

日銀は「日銀ネット」という銀行間の大口資金決済を行う決済システムを提供していますが、このシステムの中央管理者は日銀です。一営業日あたり約140兆円の決済を行っている巨大システムです。

もしこの日銀ネットに、ブロックチェーンが取って代わるとなると、日銀は中央管理者ではなくなります。参加者の一人となります。日銀だけでなく日銀ネットを利用する参加者すべてで帳簿を分権的に管理し、取引の正確性や真偽を皆で監視することになります。

ですから改竄もできないのです。しかも現状の日銀ネットだと日銀のコンピューターがダウンするとすべてがストップしてしまいますが、ブロックチェーンの場合はすべてのコンピューターがダウンということは想像しがたいので、ダウンに強いシステムとも言えます。

なおこの場合は、日銀ネット参加者の数が限られている（プライベート型）ので管理コストは皆で分担すればいいのですが、参加者の数が膨大で利害が一致していないケース（パブリック型）の場合には、システムを管理する人が必要です。そのために必要なのがマイナー（発掘者）と呼ばれる人達なのです。彼らは帳簿付けをするデータの真偽をチェックすることによって、新たに発行される仮想通貨を取得できるのです。

その意味でブロックチェーンと仮想通貨は表裏一体なのです。

そもそもブロックチェーン自体が、仮想通貨のために出てきた技術です。よく「ブロックチェーンは明るい技術だから支援しよう。しかし仮想通貨はまがい物だ」とおっしゃる方がいるのですが、それは筋の通らない話だということがおわかりかと思います。

⑤ブロックチェーンの利用例

ブロックチェーンのすばらしさを知るために、いくつか例を考えてみましょう。

まずはダイヤモンドの取引を見てみます。現在、世界中でダイヤモンドの売買を集中的に管理している管理者なぞいません。ところがブロックチェーン技術を応用すると、コンピューター・ネットワークが個品管理、個々のシリアル番号やカラット数、流通履歴を管理します。ですから正当な所有者からの購入か否かもすぐわかるのです。

支払いが仮想通貨で行われれば、決済も所有移転と同時に行われることになります。

不動産登記というと、日本人は登記所という公的金融機関が行うもの、そうでなくてはいけないものと信じきっている方も多いでしょう。しかし不動産の所有者が誤りなく記録されて、改竄できないのなら、別に公が関与しなくてもよいはずです。

米国では、そもそも公的な登記所はありません。民間が記録しているだけで、その記録を保険料を払うことによって保険会社に担保してもらうのです。同じように公が管理する代わりにブロックチェーンが管理することも可能です。

記録が正確で改竄できなければ、自動車の新車登録も不動産登記と同様、公がやる必要はないのです。登録と同時に自動車税や不動産取得税が仮想通貨で払われれば、登録と徴税が同時に行われることにもなります。

ですから登録・登記の行政コストだけでなく、徴税コストも著しく減るわけです。「特許の管理」「婚姻届」などでも行政の事務処理が不要となります。

以上、ほんの少しの例ですが、ブロックチェーン技術が社会のプラットフォームを一変させる可能性があることはおわかりになったかと思います。

⑥仮想通貨はこうして活躍する

「仮想通貨なくして、ブロックチェーンの発展、特にパブリック型のブロックチェーンの発展は無理だ。その観点からも仮想通貨の未来は明るい」と書きました。

しかし仮想通貨はブロックチェーンの裏方としてだけでなく、それ自体に明るい未来があると思っています。そもそも貨幣は物品貨幣から金貨、銀貨などの金属貨幣、そして紙幣へと移ってきました。次のステージはグローバル化の一助となる仮想通貨と、発行銀行券に取って代わる「中央銀行デジタル」(中央銀行発行のデジタルマネー。詳しくは後述します)だと私は思っています。

昨今、ギグエコノミーが拡大しつつあります。世界的にはかなり拡大しているようです。

ギグエコノミーとは「インターネットを通じて単発の仕事を発注、受注する経済」のことです。たとえば米国のＩＴ企業がインド在住のインド人にネット経由でデザイン、サイト、コンテンツの製作や、プログラムの一部修正を頼むというような経済です。成果物がスマホやインターネットで送れる仕事ならば、仮想通貨の支払いで完成物の引き渡しと同時に決済ができます。これで小さな仕事も簡単に依頼ができるようになります。銀行経由の決済ですと高い送金手数料が障害になりますし、仕事を受注する方も「本当に報酬を払ってくれるのか？」と心配になります。それらのデメリットが仮想通貨決済ではなくなります。

また東南アジアの片田舎にある安価で魅力的な商品を個人がウェブで見つけても、それを買おうとすると、現状ではかなり厄介です。法定通貨での送金手数料は安価な商品なら、その商品より高くなってしまうかもしれませんし、そもそも販売者のそばに銀行がなかったり、その人が銀行口座を持っていなければ、どうやって送金していいのかもわかりません。

しかし仮想通貨ならスマホさえ双方が持っていれば、簡単に決済ができるのです。銀行決済がいらないからです。送金手数料はただ同然です。

日経新聞2018年8月30日の冒頭部分は「海外では、20億人が銀行口座を持っていません」とあります。仮想通貨が世界で発展すれば、この20億人と取引ができるのです。銀行口座はなくてもスマホを持っている人は多いからです。

現金決済しかできなかったこの20億人の生活水準は低かったはずです。彼らが仮想通貨で外の世界と取引ができるようになれば、生活水準の向上につながるはずです。

ところで「Facebook は自分たちのアイディアだ」と豪語している双子のウィンクルボス兄弟ですが、２００９年にビットコインが１ドル以下のときに１００万ドル買ったと言われています。彼らは「どんなシステムでも使用者が１００万人のときはたいしたことがなくても、使用者が10億人になるとブレークする」と言っています。この言葉が正しければ、この銀行口座を持っていない20億人が使用し始めれば仮想通貨の大ブレークは間違いありません。

私は日銀ネットが銀行券に替わるべきだと思っていますが、グローバルなビジネスには日銀ネットでは対応できません。したがって私は国内取引用の日銀ネットとグローバルビジネス用の仮想通貨の併用時代が来ると思っているのです。

⑦ブロックチェーン・仮想通貨は社会貢献にも資する

２０１８年８月25日の日経新聞によると、世界銀行（世銀）が「ブロックチェーン債」を出すそうです。これはブロックチェーン技術にとってのエポックだと思います。発行額は１億１０００万豪ドル（約90億円）と少ないのですが、発行・販売・決済の全プロセスをブロックチェーン上で管理する画期的な債券だそうです。将来的には従来型の資本市場が未発達な途上国でも可能な資金調達モデルを開発するとの狙いもあるということです。

いずれ仮想通貨建てのブロックチェーン世銀債が発行されるのだと思います。

これは先ほどの銀行にアクセスすることのできない20億人が世界経済に取り込まれて生活が向上するだろうということと同じように、途上国にとって非常に明るいニュースです。

また2018年7月の西日本豪雨の際には、中国の某仮想通貨取引所が義援金1・6億円分を仮想通貨で集め、円に交換して被災地のNPOに送金する計画があったという話を聞きました。結果がどうなったかは知りませんが、寄付にも仮想通貨が役立つ好事例になったと思います。

法定通貨での寄付は大変です。特に外国への寄付だと「どの団体に送ればよいかわからないし、外貨に変換して送るにしても、どこに送金していいかもわからない。マイナー通貨だと円と交換できるかもわからない。送料も高いだろう」という問題が出てきます。

しかし仮想通貨なら、被災地の近くに銀行がなくてもお互いにスマホさえあれば簡単に、そして瞬時に寄付が完結するのです。「めんどくさくないのなら寄付しよう」という篤志家も増えるでしょう。

⑧さまざまな有力機関が参入する

2018年4月にマネックスグループ株式会社が、1月に仮想通貨ネムの流出事件を起こしたコインチェック株式会社を買収しました。静岡銀行はマネックスグループ株式会社の株式を

27%持っていますので、マネックスグループは銀行のグループ会社です。銀行またはそのグループ会社は銀行法で国に監督されているのですが、そのような銀行グループ会社に「仮想通貨交換業務を手掛けてよい」との判断を国が下した意味は大きいと思います。

また2018年8月31日には楽天が「みんなのビットコイン」の全株式を取得し、仮想通貨事業に乗り出すことを発表しました。LINEも同日、独自の通貨を発行すると発表しました。高齢者を含めて知名度抜群の楽天が乗り出すことによって仮想通貨を〝まがい物〟と思っていた高齢者が意識を変えてくれると思います。これも仮想通貨にとって一つのエポックだと思います。

米国ではCME（シカゴ先物市場）、CBOE（シカゴ・オプション取引所）という権威ある取引所が、ビットコインとイーサリアムのCFD（差金決済）取引を開始しています。「先物取引は売り仕掛けができるからよくない」と思っている方もいるようですが、全く逆です。先物市場ができるということは、ヘッジ手段ができるということを意味します。

機関投資家は、ヘッジ手段のない金融商品には手を出しません。先物市場が整備されることで今後、機関投資家や投信による仮想通貨への参入が考えられます。仮想通貨が発展する基盤は刻々と整備されていると思います。

4 仮想通貨に関する税制の問題とは

①日本の将来を考えた税制を！

今まで書いてきたようにブロックチェーン・仮想通貨の未来は極めて明るいと思っていますが、気がかりなのは税制です。

国税当局は2017年に通達を出し「仮想通貨での売買益は雑所得（総合課税）、他通貨に交換したときにも課税、仮想通貨で部品・サービスを購入したときも課税」としました。

税当局は税の論理で考えます。それが仕事ですから致し方ありません。しかし税の論理で、日本の未来を殺してはいけないのです。

インターネットの次の革命とも言われるブロックチェーン、それと表裏の関係にある仮想通貨を税制で殺しては、泣くに泣けません。

2017年の通達が出る前は、ブロックチェーン・仮想通貨の世界で日本はトップランナーだと思っていました。トップランナーの地位を保っていれば、世界中から人材・技術・資金が集まってきますから、それだけで日本の未来は明るくなります。

第2部で日本の名目GDPは世界の超劣等生だという話をします。それを優等生にするのに最適なのがこの分野だと思うのですが、それを税制で殺してはいけないのです。だからこそ

「将来の日本の食い扶持（ぶち）」の観点から、総理が強いリーダーシップを発揮すべき分野だと思うのです。ただ安倍総理にしろ政府幹部にしろ、こういった認識がない。困ったものです。これから一所懸命、国会で説得していくつもりです。

参議院の財政金融委員会で私は、仮想通貨の税制を「総合課税から20%の源泉課税にするべき」と主張したら、麻生大臣に「国民の理解が得られますかね」と反論されました。

国民の理解が得られなければ税制を変えられないのなら、消費税など未来永劫に上げられません。国民の理解がなかろうが国民のため国のためなら、必要な税制改革を断固行うべきです。

「長短分離政策」という政策があったために、日本の金融機関は金利スワップの活用に関して欧米金融機関に比べて5年出遅れました。「長短分離政策」とは、興銀・長銀・日債銀・信託銀行は長期資金の調達と運用、都銀と地銀は短期資金の調達と運用というふうに、長短金融のすみわけ政策のことを言います。

金利スワップはその垣根を取り壊す商品のため、どの邦銀も手をつけられなかったのです。

現在、日本の4大メガバンクの収益は、JPモルガンやウェールスファーゴの5分の1から10分の1にすぎず、ステイタスの面でも世界に大差をつけられている理由の一つが、このときの遅れだと思っています。今日における日米金融機関の収益格差の原因だとも思います。二度と同じミスをしてはいけません。政府は政策や税制で民間の足を引っぱってはいけないのです。

インターネットの発展とともにEメールが郵便に取って代わっていったわけですが、政府がたとえEメールを禁止したとしても、その流れを変えることは無理だったと思われます。同様にブロックチェーンや仮想通貨の発展を防止するのは、国といえども無理でしょう。ならば税制や法律を整備し、ブロックチェーン大国・仮想通貨大国を世界に先駆けて目指した方が賢明だと私は思うのです。それでこそ日本の未来は明るいのです。

参考　2018年6月25日参議院予算委員会での私の質問に対する麻生大臣の答弁

○**国務大臣（麻生太郎君）**／これは、同じ1億円を稼いだという話であって、給与や事業をやっていた方で稼いだ方は、これは大体最大55％ぐらいの税率が掛かるんだと思いますが、傍ら、この仮想通貨、いわゆる暗号資産を利用した人は20％でいいという話が、これは世間で通用しますかね。そちらが政権を取られたらどうか知りませんけれども、私はまずそういったところでは国民の理解が得られるかいなと、まずそう思います。

②仮想通貨の税金は源泉分離課税にすべき

仮想通貨から挙がる利益は、現在「雑所得」分類で総合課税です。利益が出れば最高55％の税率がかかります。一方、損したら給料、不動産所得等の他の所得との損益通算はできないし、翌年以降に損を繰り越すこともできません。大きく儲かれば高額税金、損しても政府は知らんふりという税制は、他の収入に関しては見当たりません。

前項で麻生大臣は給与や事業で稼いだお金に55％の税率がかかるのに対し、仮想通貨の利益が源泉分離の20％では国民の理解が得られないと答弁されたと書きましたが、私はそのとき、「給与や事業収入は、ある年は大儲け、翌年は大損ということはない。一方、仮想通貨は大儲けしたときだけ55％徴税し、翌年同額損をする（＝2年通算では利益ゼロ）こともある。大きく儲かれば高額税金、損したら政府は知らんふりはおかしい。その点からも20％の源泉課税くらいが適当ではないか？」と聞いたのですが、お答えはありませんでした。

同じような動き（＝大儲けする年もあれば大損する年もある）をする株式投資、投資信託、FXは原則20％の分離課税で税額が抑えられています。仮想通貨税制だけ総合課税というのは「税制の投資中立性」にも反すると思います。

③特措法で20％の源泉分離にする理由はそろっている

特措法で20％の分離課税が適用されるためには、国の政策に合致する（この点、仮想通貨は将来の日本経済に資するという強い理由があると思います）とともに、国の強い監督下にある点も重要な条件です。株式投資やFXも海外でやれば、国内での取引と違い、分離所得になららないのは、国の監視下での取引ではないからです。

仮想通貨は「国の強い監督下」にあると言えるのでしょうか？　前に述べたように「銀行法で厳しく国に監督されている銀行またはグループ会社」に該当するマネックスグループ（＝静岡銀行が株式を27％持っているので銀行グループ会社となる）に「仮想通貨交換業務を手掛けてよい」との判断を国が下したのです。改正資金決済法に加えて、今回の判断は仮想通貨が、国の厳しい監督下に入ったことを意味します。ならば株式やＦＸ同様、特措法で20％の分離課税が認められてしかるべきだと私は思うのです。

④私が注目しているのはカジノでの儲けに対する税金

さらに私が今、一番注目しているのはカジノの収益に対する税制です。

これから議論が始まると思いますが、一時所得になるのではないか？　との噂《うわさ》も流れています。カジノでの収入も仮想通貨と同様、大儲けすると55％の総合課税（雑所得）、損したら政府は知らんふりでは、せっかく解禁したカジノに誰も遊びに行きません。ですから一時所得にする可能性も十分あると思います。

一時所得は、雑所得の約半分の税率です。カジノの収入がもしそうなったら、なぜカジノの利益の税率が仮想通貨収入のそれの半分なのだと追及していきたいと強く思っています。秋の臨時国会での私の重要質問の一つです。

⑤仮想通貨同士の交換と決済における無税の必要性について

仮想通貨同士の交換、少額での仮想通貨決済の際の無税化も必要です。

そもそも税務当局が取引を本当につかむことができるのか？　疑問があります。送金の場合等では、機械内でいくつもの仮想通貨を経由して送金速度を速めることがあります。

その際、A通貨とB通貨の間では利益が出るが、B通貨とC通貨の間では損が出るというようなこともあるでしょう。機械の中で仮想通貨同士がどんどん転換されていく際、「おのおのの通貨の損益を把握せよ」という困難な仕事を一般個人に求めるのでしょうか？　税務署も把握できるのでしょうか？

仮想通貨は2016年の暮れにピークをつけた後、2018年は大崩れをしています。2016年の大儲けで多額の税金を払った人が、2018年に大損して救済されないのも問題ですが、不公平税制の可能性（＝脱税が見逃される）も気になります。

2017年は仮想通貨が大きく値を上げ「億り人（1億円以上儲けた人）」という言葉がはやったくらいですから、大儲けした人は多いはずです。となると2017年（2018年3月申告）の総合課税の雑収入は、2016年に比べ急増していなくてはおかしいはずです。

それほど増えていないのなら、税務当局が仮想通貨取引を把握できていないことになります。税務当局は把握できないが、「納税者はすべて正直に納税している」はずだ、ではあまりに楽観的です。脱税者が多数いるとなると、正直者に不満が残ります。国民の間に徴税への不信感が広がってしまうのです。

⑥デジタル社会に合った税制が必要である

2018年8月20日朝日新聞1面トップは「IT外資に課税　国税苦戦」という記事でしたが、文中で森信茂樹・中央大法科大学院特任教授が「過去につくられた課税ルールは、今のデジタル社会に適合していない」とおっしゃっていました。元財務省財務総合政策研究所長の森信さんとは数カ月前に飲み、この点で同意しておおいに盛り上がったものです。

日本在住の人が外国A国からB国に輸出をし、輸出先がC国の銀行に代金を振り込んだら性善説に立たない限り、所得税は取れない（＝税務署の収益把握が難しい）のも一例です。

仮想通貨税制は当面は源泉分離課税がよいと思いますが、将来的には「（たとえば）法定通貨から仮想通貨を購入したときに1％チャージして、後は他の仮想通貨に乗り換えたときの益課税も、モノやサービスの購入用に使ったときの益課税もなし」のような形にしないと、公平な課税は難しいと思うのです。

第2部
なぜ日本はこんな危機に陥ったのか

I 世界最悪の財政状態

1 なぜこれほどの借金がたまってしまったのか

左頁の図を見ていただければわかるように、日本はこの30年間の経済成長に限って言えば、世界の超劣等生です。

日本の名目GDPが中国に抜かれて世界3位に下落したと大騒ぎしたのは2010年で、たった8年前。それから中国の名目GDPは2・3倍（名目GDPベース）になり、1・1倍にしかなっていない日本との経済格差は大きなものになってしまいました。中国の背中が見えなくなりつつあります。

名目GDPとは国の経済規模、言い換えれば、国全体の豊かさです。「名目GDPが伸びなかった」とは、人口が変わらなければ「1人当たりのGDP、すなわち豊かさも変わらなかった」ということです。もちろん給料など上がるわけがありませんし、世の中に活気が感じられないのは当たり前の話です。

「米国にいると経済がダイナミックに動くことを感じるが、日本では停滞しか感じない」とよく聞きますが、名目GDPの伸びを見れば当たり前です。

さらに名目GDPが大きくならなかったことこそが、ここまで財政が悪化した最大の理由だとも言えます。

「税収弾性値」という概念があります。名目GDPが1%上昇したら、どのくらい税収が上がるかという概念です。短期でのブレはありますが、内閣府の各種試算ではだいたい1・1を使っています。より長期的には1・0が妥当かと思います。名目GDPが1%上昇したら税収も1%上昇するということです。経済成長の果実は国民と政府が等しく分配すべきと考えるからです。そうでなければ国民の不満がたまります。

　名目GDPがたとえば2倍になっているのなら税収も2倍になり、国民の豊かさも2倍になるのが当たり前の姿です。名目GDPが2倍になったときに、税収が3倍になっていれば、国民は怒ります。成長の果実を国がより多く持っていってしまったからです。働くモチベーションも削《そ》がれるでしょう。


世界各国の名目GDPの推移（2017年）

	対1985年比	対1997年比
日本	**1.6**	**1.0**
米国	4.5	2.3
英国	4.9	4.1
韓国	19.9	3.3
シンガポール	11.0	3.2
豪州	7.2	3.1
中国	88.5	10.1

日本だけ国力が伸びていない！

この30年間で名目GDPは1・55倍にしかなっていません。ですから税収も1・5倍のはずです。実際のところ、税収も1985年の38・2兆円から、2017年の57・7兆円と約1・5倍にしかなっていません。

一般会計税収の推移

年度	税収（兆円）
1985	38.2
1986	41.9
1987	46.8
1988	50.8
1989	54.9
1990	60.1
1991	59.8
1992	54.4
1993	54.1
1994	51.0
1995	51.9
1996	52.1
1997	53.9
1998	49.4
1999	47.2
2000	50.7
2001	47.9
2002	43.8
2003	43.3
2004	45.6
2005	49.1
2006	49.1
2007	51.0
2008	44.3
2009	38.7
2010	41.5
2011	42.8
2012	43.9
2013	47.0
2014	54.0
2015	56.3
2016	55.5
2017	57.7

注：2016年度までは決算額、
2017年度は予算期

出典：財務省

問題は税収が1・5倍にしかなっていないのに、歳出が2倍になっている点です。1985年に53・0兆円だった歳出が、2017年には99・1兆円にもなっているのです。これこそ日本が世界最悪の財政状態に陥った理由です。

一般会計歳出総額について

年度	一般会計歳出総額（兆円）
1985	53.0
1986	53.6
1987	57.7
1988	61.5
1989	65.9
1990	69.3
1991	70.5
1992	70.5
1993	75.1
1994	73.6
1995	75.9
1996	78.8
1997	78.5
1998	84.4
1999	89.0
2000	89.3
2001	84.8
2002	83.7
2003	82.4
2004	84.9
2005	85.5
2006	81.4
2007	81.8
2008	84.7
2009	101.0
2010	95.3
2011	100.7
2012	97.1
2013	100.2
2014	98.8
2015	98.2
2016	97.5
2017	99.1

注：2016年度までは決算、
2017年度は補正後予算案

出典：財務省

コラム　なぜインバウンドが多いのか？

今、日本は中国やオーストラリア等からのインバウンドでにぎわっています。これを昨今の経済政策の成功例と捉える向きもありますが、私は日本経済の問題点を浮かび上がらせていると考えます。

１９８０年には１人民元《じんみんげん》を購入するのに１６０円も必要でした。ところが今は16・５円ぽっちで買えるのです。約10分の１です。これだけ自国通貨が安く（＝購買力が弱い）なると、普通なら海外旅行など行けません。

それなのに、なぜこれほどまでに中国人が日本へ押しかけてくるのでしょうか？　通貨が10分の1になっても名目GDPが88倍になったことで、中国人は30年前の8・8倍の水準の生活ができるようになったからです。

一方、日本の生活レベルはせいぜい1・6倍。物価も上がるわけがないのです。中国人が、相対的に貧乏になった日本に来て爆買いをしていくのもわかります。

東南アジア諸国がまだ経済成長をしていなかった昔、日本人が安い旅費・滞在費・物価に魅力を感じ、競って東南アジアに出かけたことを思い出します。その逆バージョンが起きているのだと思うのです。オーストラリア大使館の偉い人と話していたら、オーストラリア人が来日する理由をそう説明していました。聞いていてもっともな話だと思いましたが、こう考えるとインバウンドが増えた事態を無邪気に喜んでいいのか、疑問に感じます。

❷ 名目GDP、30年間で日本は1・5倍、米国4倍、中国75倍！　なぜ？

これは本書のトピックではないのでごく簡単に書いておきます。

財政赤字の蓄積を防ぐためには、名目GDPを2倍にすればよかったのです。名目GDPを2倍にすれば税収も2倍となり、2倍になった歳出をカバーできたはずです。

国民も豊かになり、現在の日本社会の諸問題の多くは解決されていたでしょう。年金、健康保険の将来懸念、消費税引き上げ等の問題も存在しなかったはずです。経済が一流であれば、世界で発言力が出てきます。

名目GDPを2倍にすることは、国際比較をしてみると決して難しいことではなかったことがわかります。もともと大きなGDPをさらに大きくするのは大変なことですが、日本の4倍の名目GDPを持つ米国でさえ、この30年間で4・1倍にしているのです。中国などは88倍です。他の先進国並みの成長を成し遂げればよかっただけなのですから。

そのためには政府の掲げる骨太の方針という「骨細・小粒な方針」ではなく、もっと基本的なところを改めるべく行動しなくてはいけなかったと思っています。

「大きな政府・規制過多・結果平等税制」という、典型的な社会主義国家体質を変えることが不可欠なのです。私の長年の主張であり、米国社会のダイナミズムを体験した者としての感想です。かつ円を国力に合ったレベルに修正(=すなわち円安誘導)することも必要でした。

社会主義が資本主義に負けたのは、歴史が証明しています。モルガン銀行勤務時代、日本に駐在した多くの外国人部下は皆、「日本は最大の社会主義国家だ」と言いながら帰国していきました。

この社会主義的要素を排除し、真の資本主義体制を構築すれば、他国並みの成長ができたと考えます。

Ⅱ　異次元緩和とは財政危機の将来への飛ばし

1　ピケティも「日本の現状は理解不能」と書いている

格差論で有名なフランスの経済学者トマ・ピケティ氏が『トマ・ピケティの新・資本論』（日経BP社）の中で以下のように述べています。

「ヨーロッパから見ると、日本の現状は摩訶《まか》不思議で理解不能である。政府債務残高がGDPの2倍、つまりGDP2年分にも達するというのに、日本では誰も心配していないように見えるのは、どうしたことか。（中略）われわれは日本の政府債務のGDP比や絶対額を毎日のように目にして驚いているのだが、これらは日本人にとって何の意味も持たないのか、それとも数字が発表されるたびに、みな大急ぎで目をそらしてしまうのだろうか」

この本の原著が発行されたのは2012年、それなのにトマ・ピケティ氏の危惧は現実化していません。また、私も長年にわたって財政破綻の危機を警告してきましたが、その気配さえありません。おかげで私は「オオカミ少年」（注：実際はオオカミお爺さん）と揶揄される始末です。

しかし、なぜピケティ氏や私の心配が杞憂《きゆう》に終わっているのでしょうか？

それは2013年4月、黒田総裁が、想像だにしていなかった異次元緩和という飛ばしを始めたからなのです。財政破綻危機を将来に飛ばしてしまったのです。

ピケティ氏の母国フランスや、財政危機が話題になったギリシャでは、中央銀行が政府を助けられません。政府が資金繰り倒産しそうになっても、新しく紙幣を刷って渡せないからです。通貨ユーロを刷る権利は欧州中央銀行（ECB）にのみあって、各国の中央銀行にはないのです。

ところが日本では、日銀が必要なお金を好きなだけ刷って政府に渡しています。ですから、政府が資金繰り倒産をしないで済んでいるのです。

トマ・ピケティ氏が前述の本を書いたときも、私が財政破綻の警鐘を鳴らしていたときも、まさか日銀が「異次元緩和」という「後は野となれ山となれ」政策を取るなどとは思っていなかったのです。

この異次元緩和は、世界中で禁止されている、また日本でも財政法第5条で禁止されている財政ファイナンス（＝日銀引き受け）そのものです。こんな非人道的な（とさえ私は思います）政策を出口も考えずに日銀が無責任に行うとは、想像だにしなかったのです。

②異次元緩和はハイパーインフレを招く財政ファイナンス

国会で「異次元緩和は財政ファイナンスではないか」と質問すると、麻生大臣も黒田総裁も岩田前副総裁も「デフレのためにしているのだから財政ファイナンスではない」と答弁されます。冗談じゃないと思います（後述の〈参考〉ご参照）。

目的は関係ありません。放火目的であろうと失火であろうと、火事は火事です。

今、日銀がやっていることは、融資先になんらかの理由で直接融資ができないときに、第三者を一瞬かませて行う迂回《うかい》融資みたいなものなのです。

私がモルガン銀行に勤務していた頃（1990年代）は日銀の国債購入、特に長期国債などごく少量でした。それなのに今、日銀は国債の年間発行額の60〜80％を、それも入札直後（場合によっては翌日）に購入しているのです。

たとえば10年債350回債はリオープン（すでに発行されている国債と同じ利率、元利払期日を設定し、同一の回号を付して発行する）で、2018年3月20日、4月5日、5月9日に計7・6兆円発行されています。日銀は、2018年5月31日時点で、そのうちの5兆836億円（77％）も買っているのです。

異次元緩和前は、日銀は国債の爆買いをしていませんでしたから、これらの国債は銀行や機関投資家などが満期まで保有（もちろん投資家間での転売は行われていましたが）していたのです。

そもそも財政ファイナンスと同義語の引き受けを財政法第5条で禁止しているのは、日銀がむやみやたらと国債を引き受けて紙幣を乱発すると、ハイパーインフレになると歴史が教えてくれているからです。買うのならせめて値段などマーケットのチェックを受けてからにすべし、というのが法の趣旨です。

しかし、今民間銀行や証券会社が行っている日銀トレードは、一定の鞘が短期間に確実に抜けるという前提のもとで行われていると私は理解しています。年間発行額の60～80％を日銀が購入している事実、そして日銀トレードは市場のチェックを受けているとは言い難いことを考えると、日銀の国債爆買いは財政法第5条の趣旨を完全に逸脱していると思うのです。

私がロンドン時代に行っていた円建てユーロ債トレードと同じ規則逃れのチーティング（インチキ）です（後述の〈参考〉ご参照）。

資金運用部ショック後の1999年2月6日の日経新聞には、山口廣秀日銀元副総裁の「国債引き受けは断固拒否する」とのコメントが載っていますが、あの見識ある日銀はどこに行ってしまったのでしょう。中央銀行マンの矜持はどこに行ってしまったのでしょう。これでは日銀は政府から独立しているとは言えません。なぜ世界中の中央銀行は政府から独立しているのか、なぜ引き受けが禁止されているのかを考えるべきです。

日銀が国債を爆買いする理由は公式（建前）には「デフレ脱却のための資金供給」ですが、本音は「政府の資金繰り倒産防止の財政ファイナンス」だと思います。

参考 2017年6月8日参議院財政金融委員会での私の質問に対する岩田副総裁（当時）の答弁

○**参考人（岩田規久男君）**／本年3月から5月の10年国債の発行額に占める日本銀行の保有比率は約75％です。

○**参考人（岩田規久男君）**／日本銀行が量的・質的金融緩和の下で大規模な長期国債の買入れを行っているのは、あくまでも2％の物価安定の目標の早期実現を図るという金融政策上の目的でありまして、財政をサポートするためではありません。また、日本銀行の国債買入れは、金融機関を相手として市場において実施しているものであって、このため国債の直接引き受けには当たらないと考えております。

また、新発債であっても、発行入札において金融機関が購入したものでありまして、これを日本銀行が入札によって買い入れることは、国債の直接引き受けとは全く性格が異なるものと理解しております。

参考 2015年6月22日参議院決算委員会での私の質問に対する麻生大臣・黒田総裁の答弁

○**国務大臣（麻生太郎君）**／まずは、日銀が量的いわゆる質的金融緩和を行っておって国債を買い入れておりますす目的は、これ国債ファイナンスとかいう話ではなくて、2％の物価安定目標の実現という金融政策というものを目的でやっておりまして、これは政府が言っているんじゃなくて、日銀自らの判断でしておられます。これ、一番違うところですよ。

また、すべてマーケットで流通しております国債というものに対して金融機関を相手方として実施をしておるのであって、私どもとしては財政ファイナンスを目的としたものではないというのは、その2つだけをもって極めてはっきりしております。

○**参考人（黒田東彦君）**／委員御承知のとおり、日本銀行による長期国債の買入れ、これは2％の物価安定の目標を実現するためにあくまでも金融政策目的で行っているものでありまして、財政ファイナンスではありません。この点については、量的・質的金融緩和を導入した際の公表文でも明らかにしているところでございます。

コラム 円債の購入（三井信託銀行ロンドン支店時代の取引）

1980年代前半、私は邦銀ロンドン支店にいた。当時、国内外市場分離政策のせいで、邦銀はユーロ円債の発売日に発行者から直接購入をしてはいけなかった。そこで我々は外国銀行に、数日後の転売価格を約束し、代わりに購入してもらっていた。規制回避のインチキ（＝事実上入札参加）だと後ろめたかった。それと同じことを日銀と政府が今している（1日だけ民間銀行や証券会社に持たせて翌日日銀に引き渡し）。こちらは規制回避ではなくて法律（財政法第5条　引き受け禁止）違反だと思う。

3 テーパリングを誤解している人が多すぎる

2018年7月16日の日経新聞に「日銀の資金供給増加にブレーキ」というタイトルの記事があります。このタイトルを読んで「ついに日銀も緩和をやめるのか」と誤解する人がいるかもしれません。

全くの誤解です。相変わらず緩和は毎日進んでいるのです。ダイエットでたとえると、「引き締めに入る」とは体重が減り始めることを言います。「日銀の資金供給増加にブレーキ」とは、その増え方の程度が落ちたにすぎません。体重は減るどころか増加し続けているのです。

これが厄介なところで、異次元緩和開始前の伝統的金融政策では、金融政策決定会合で新たな政策変更がなされない限り、金融政策は一定だったのです。体重で言えば、すでにメタボかもしれないが、次に政策変更をしない限り体重は一定だったのです。

誤解している人が多い、テーパリングの意味

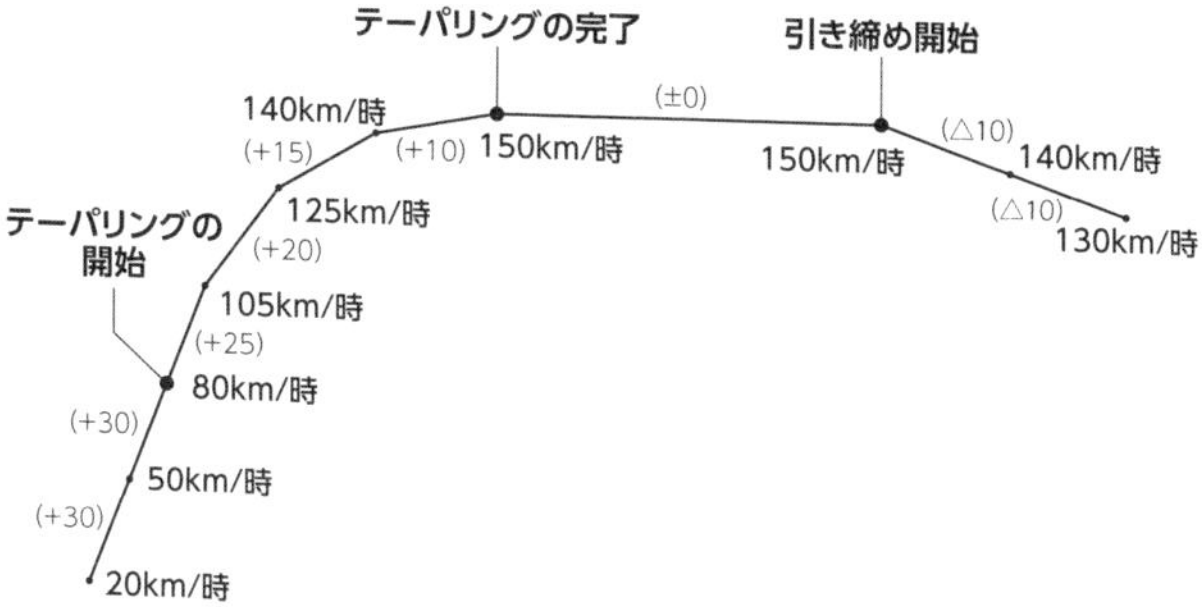

ところが異次元緩和開始後は日銀が会合をしなくても、毎日緩和が加速しています。昨日より本日、本日より明日とメタボが加速しているのです。体重がもう増えず一定になることを「テーパリングの完了」と言います。ダイエット（＝体重の減少）は、そこから始まるのです。

ということで、テーパリングの意味は「中央銀行が金融緩和政策による金融資産の購入額を徐々に減らしていく」ことで、「テーパリングの開始」とは金融引き締めへの方向転換ではありません。

「テーパリングが完了」して、そこから初めて「引き締めに入るか否か？」の議論が始まるのです。

誤解している方がマスコミを含めて非常に多いと思うので、ここで自動車を例に「テーパリングとは何ぞや」を説明いたします。

時速20km走行だった車が、どんどん加速していく。当初は毎時30kmずつの加速で1時間後は時速50km、その1時間

後は時速80㎞になったが、そこでアクセルの踏み込み方を緩め、その1時間後は時速25㎞の加速で時速105㎞にした。これを「テーパリングの開始」と言うのです。その1時間後には時速20㎞の加速（テーパリングの継続）で時速125㎞、その後時速140㎞、時速150㎞と加速度合いを緩め、時速150㎞になったところで巡航速度走行とする。これを「テーパリングの完了」と言うのです。巡航速度走行をしばらくした後、減速を開始した時点で初めて「引き締め開始」と言えるのです。

今の日銀は前頁の図で言えば、時速125㎞走行をしているあたりの状況でしょうか？　加速度合いを抑えつつあるものの、金融緩和は加速（＝よりメタボになる）しているのです。昨日よりは今日、今日よりは明日、明日より明後日と金融緩和の度合い（お金をいくらバラマいているか）は強まっているのです。次の金融政策決定会合があるまでスピードは一定だった伝統的金融政策時代とは様変わりです。

異次元緩和という非伝統的金融政策が危険な一因は、この辺にもある気がします。伝統的金融政策なら巡航速度で走っていますから、そのときの判断でブレーキ、アクセルどちらの行動も瞬時にできますが、非伝統的金融政策の下では、金融引き締めが必要と判断したら、まずは巡航速度に落とさなければならないのです。アクセルとブレーキを同時に踏むことはできないのです。私が異次元緩和に大反対する最大の理由は、そのブレーキ自身がなくなったからであり、より重大な問題をはらんでいるからです。

4 FRB、ECB、BOEは金融緩和撤退を始めているのに日銀だけが加速

日銀は、日毎にバランスシート（BS）を拡大しています。日毎にメタボになっているのです。メタボが止まる気配も可能性もありません。

一方、FRB、ECB、BOE（英国中央銀行）はすでに撤退を開始しています。

FRBは2013年12月にテーパリングを開始し、2014年10月に完了。2017年10月からは満期が来た保有国債の再投資を減らし始め、BS規模の縮小に入っています。2015年12月からは利上げも始めています。

ECBも2017年4月からテーパリングを開始、2018年末には完了の予定です。

BOEは2012年11月に購入を完了しています。利上げも2017年11月から開始しました。

5 日銀のBSがメタボになると何が悪いのか？

日銀のBSの負債サイドは発行銀行券と日銀当座預金ですから、日銀のBSが巨大になるということは発行銀行券と日銀当座預金の残高が巨大になるということです。

読者の皆さんが「お金をいくら持っていますか?」と聞かれたときに、お財布の中にあるお札だけではなく銀行預金の残高も入れて考えるように、お金の量を考えるとき、「発行銀行券」と「日銀当座預金」に差はありません。

したがって日銀のBSがメタボになるということは、日銀が世の中にお金をジャブジャブ供給しているということです。

確かに今、巨大になっているのは銀行間にあるお金、マネタリーベース(発行銀行券+日銀当座預金+貨幣流通量)であり、市中に存在するお金の量であるマネーストックは、それほど伸びていません。貸出が伸びていないからです。マネーストックは貸出が実行されると、信用創造という仕組みによって急速に伸びていきます。

マネタリーベースはベースというくらいで種銭みたいなものですが、種銭がないと貸出も行われず、マネーストックは増えるはずがありません。しかし種銭のマネタリーベースが巨大なら、貸出急増により、マネーストックも一瞬にして増える可能性が大きいのです。そこでマネタリーベースが大きいと、インフレになるリスクが高いということになります。

私が異次元緩和をやってBSを膨らませるとハイパーインフレのリスクが高いぞ、と言うと、「FRBやECB、BOEも同じように異次元緩和をしてBSを膨らませているではないか?」と反撃を受けます。

日銀総資産の対名目GDP比率

(%)

	1月	2月	3月	4月	5月	6月	7月	8月	9月	10月	11月	12月
2012年	27	29	28	29	29	29	30	30	30	31	32	32
2013年	32	33	33	35	37	37	39	41	41	43	44	44
2014年	45	47	47	48	50	50	52	54	54	55	57	58
2015年	59	60	61	63	64	65	66	68	69	70	72	72
2016年	74	75	75	77	79	80	82	84	85	86	87	88
2017年	89	90	91	91	92	92	92	93	93	94	95	95
2018年	96	97	96	96	99							

注:2018年4〜5月は、2018年第1四半期の名目GDPを使って算出。

出典:日本銀行発行資料

しかし日銀のＢＳが対ＧＤＰ比１００％に近いのに対し（上の図ご参照）、２０１８年３月末でＦＲＢは22・２％、ＥＣＢは39・７％にしかすぎないのです。ＢＯＥは少し古いですが２０１６年２月現在で22・２％です。日銀が断然にメタボなのです。

しかも前節で述べたように、ＦＲＢ、ＥＣＢ、ＢＯＥはすでに量的緩和の出口に向かっているのに対し、日銀はいまだ日毎に緩和を加速させている状況なのです。

異次元緩和で拡大させてきたＢＳを縮小するのには、今までと逆のオペレーションが最も簡単です。すなわち日銀が銀行、証券会社に国債を売って日銀当座預金の残高を減らす方法です。

ＦＲＢも最初、同じように考えたようですが、それをやると長期金利が暴騰し大変なことになるとして選択しませんでした。２０１７年10月から開始したように、満期になった国債を借り換えない（＝再投資をしない）という穏やかな形でBS縮小を開始したのです。「満期待ち戦略」です。対GDP比22・2%の資産規模しかないFRBが、BS縮小に苦労しています。100%にも膨れ上がった、そしていまだ日毎に膨らませているBSを日銀はどうやって縮小していくのでしょうか？

満期待ちするといっても現在のところ、政府は財政赤字で返済すべきお金を持っていません。誰から満期国債の償還元本を借りてくるのでしょうか？　今まで最大の資金の貸し手だった日銀がBS縮小のために貸金回収に入るのですから、よほど金利が高くなければ、資金の貸し手は現れないと思われます。

このBS規模の対GDP比100%という数字は、どのくらい危険なのでしょうか？

2014年6月23日の日経新聞に金融史が専門のファーガソン・米ハーバード大教授が講演で「1950年~80年は中銀の肥大化がインフレと深く関わってきた」と発言したとの記事が載っています。

教授の指摘によると「1900年以降、主な中銀の資産規模はGDPのほぼ10~20%」だったそうですが、現在、FRBをはじめECBやBOEの資産規模はGDP比で約25%弱と、歴史的に高い水準にあるそうなのです。

「歴史的には中銀の肥大化がインフレと深く関わってきた」と分析されていたファーガソン教授が「日銀の資産規模は対GDP比で100%」と聞いたときどんなコメントをされるか、ぜひ聞いてみたいと思います。私は、歴史は繰り返すと思います。

日銀自身もかつてはBSが拡大していくリスクを十分理解していたのです。2003年度の日本金融学会で植田和男日銀政策委員会審議委員（当時）が記念講演をされていますが、その中で「このように各国の経験を振り返ってみると、中央銀行にとって健全なBSを保つことは、一般論としてはその責務を全うするための必要条件でも十分条件でもないが、必要条件に近いような状況もしばしば存在し得るというような評価ができる」と講演されているのです。

BSが大きくなると、インフレをコントロールできなくなるとおっしゃっているのだと思います。なお、このとき（2003年末）の日銀のBSはたったの131兆円。541兆円（2018年5月末）に膨れ上がったBSを見て、植田元審議委員はどういう感想を持っていらっしゃるのでしょうか？

❻ハイパーインフレという大増税で財政再建（国民生活は地獄）

30年間で税収が1・5倍になったのに歳出が2倍になってしまったので、巨大な累積赤字がたまってしまいました。ここまで累積赤字が大きくなると財政破綻か、それが嫌なら増税で埋めるしかありません。しかしこの巨大累積赤字を解消するためには、過激な増税が必要となります。これは後で詳述します（「『政府には徴税権があるから破綻しない』という嘘」の節ご参照)。

尋常な方法では財政再建できず、かといって財政破綻は嫌だということで政府・日銀は「飛ばし」を行ったのです。財政危機を「異次元緩和」という形で先送り(＝飛ばし)したのです。しかし、その結果、日銀のBSが世界最大のメタボ(＝お金ジャブジャブ)になってしまったのです。

景気が過熱した際、BSの縮小(メタボ解消)も、長短金利の引き上げも不可能です。今まで説明してきたとおりです。これではハイパーインフレ(＝大増税)へまっしぐらです。

こう考えると、政府・日銀は、意図的かどうかは知りませんが、粛々と(＝国民に非難されない形で)大増税による財政再建を図っているように思えます。異次元緩和政策の採用とは、最悪の財政状況をハイパーインフレで解消するとの決断だったことになるのです。

こんなにひどい財政赤字なのに、大型予算を組んでいるのは、いくらばらまいても「どうせハイパーインフレで国民から回収するのだから、今のうちに国民を喜ばせてやれ」と思っているとしか私には考えられないのです。

「こんなに借金がたまったら、借金の棒引きしかないのではありませんか?」とツイッターで聞かれたことがあります。まさにそのとおりです。ハイパーインフレとは、実質的に借金の棒引きを意味します。

財政破綻とハイパーインフレ、どちらも国民にとっては地獄です。高層ビルで火事にあったとき、飛び降りて墜落死するか焼け死ぬかの選択でしかないのです。財政赤字を放置した罪は深いと思います。

Ⅲ 「日本の財政は問題がない」という識者の嘘

1 統合政府論の誤解・嘘をあばく

①巨匠たちも否定している

「財政は悪くない」論者が持ちだすロジックに「統合政府論」があります。「統合政府論」とは、政府と日銀を一つの組織（統合政府）と考え、「政府発行の国債残高の40％強は同一組織内の日銀が保有しているのだから、その分は相殺して考える（統合政府論）べき。そうすると国債発行残高はたいして多くないのだから、財政はいまだ健全だ」という議論です。

この「統合政府論」のせいで財政への危機感が高まらず、放漫財政が続くのは困ったものです。ここではその間違いを指摘いたします。参議院の財政金融委員会で念のため黒田日銀総裁のご意見もうかがってみましたが、私と同意見でした（後述の〈参考〉ご参照）。

２０１８年８月25日に亡くなられた一橋大学元学長、政府税調元会長で財政学の専門だった石弘光先生のインタビュー記事（如水会会報・一橋大学ＯＢ誌）を読み返してみました。

その中で石先生は「無責任な人は、（国債を）日銀の勘定の中に塩漬けにしておけばいいじゃないかといった意見を出していますね」とおっしゃっています。「国債を日銀の勘定の中に塩漬けにする」とは、まさに「統合政府論」と同じです。石先生のお言葉は「統合政府論者」を無責任な人と切り捨てる痛烈な批判なのです。

参考　2017年3月22日参議院財政金融委員会での私の質問に対する黒田総裁の答弁

○**参考人（黒田東彦君）**／政府と日本銀行を合わせたいわゆる統合政府の観点から見ましても、政府債務の無効化や永久債化は政府の債務負担を減少させることはできないというふうに考えております。日本銀行の国債買入れに当たりましては、その分、当然マネタリーベースが増加しております。（中略）

特に、日本銀行が保有する国債の無効化は、政府債務の信認に影響するだけでなく日本銀行の収益を大きく毀損いたします。その場合には、日本銀行による国庫納付金の減少などを通じて、結果的に異なった形で政府に財政負担が生ずるということでありまして、冒頭申し上げたとおり、スティグリッツ教授が言われたような方法によって政府の債務負担を減少させるということはできないというふうに考えております。

②父子間の借金はないものと考えてよいか？

まずは次の例でご説明したいと思います。その後、実例に合わせて具体的に述べます。

70歳の父親が1億円の家を建てるために、融資を受けようと決断したとします。金利が低いのでチャンスとばかりに30年固定金利での融資を依頼しました。しかし高齢者だからそんな融資はできないと銀行から断られてしまいました。しかたがないので政治家の息子が銀行から1億円を借りて、その金を父に貸すこととしたのです。1日の貸し借りレート（無担保コールレート）は＋0・1％と低いので、これ幸いと息子は銀行から毎日資金を借り換える形で資金繰りをつけました。息子は自分から断らない限り自動的に借り換えをしたいと申し込み、一番低い無担保コールレートで借り続けたのです。この時点では、まさか急に金融が引き締まり、毎日の借り換えができなくなるとは想像もしていませんでした。

このとき、「息子から父への貸しつけは親子間なのだから無視して考えていい。父親の借金はなきに等しい」というのが統合政府論です。すでにおわかりのように、息子の借金を忘れています。父親はよくても息子は大変です。

統合政府論で息子の借金に相当するものは、異次元緩和前には発行銀行券でした。ですから統合政府論もわからなくはありません（私はそれでも統合政府論は間違っていると思いますが）。借金への金利支払いがないからです。

しかし今日では、息子の借金に相当するものは、大半が日銀当座預金です。民間銀行への金利支払い義務が生じます。今まで述べてきたように、短期金利を引き上げる手段は、この金利を引き上げるしか他に方法がないのです。

家庭の例に戻します。こうなると息子は大変です。金融引き締め時期なので、銀行は貸し渋りをする可能性があります。毎日借り換えなければならない息子は、毎日、銀行が明日も貸してくれるかドキドキです。さらには金利が上昇する恐怖も毎日味わいます。固定金利で借りていればよかったな〜とつくづく後悔するでしょう。

政治家の息子が落選するとなると最悪です。銀行は定職のない人には貸せないと、毎日の借り換え融資を中止します。そうなると高利貸しに頼らざるを得なくなります。

政府の借金も長期固定金利の国債で借りている限り、金利上昇期でも当面、抵抗力がありますし、借り換えができるか心配する必要もありません。しかし統合政府となると、金利上昇に極めて弱い体質になってしまうのです。事態はさらに悪化するということです。

③「統合政府論」で財政問題はさらに悪化する

「政府の負債サイドにある発行国債と日銀の資産サイドにある保有国債は相殺できるから、政府の発行国債は見かけほど多くはない」というのが「統合政府論」でした。

統合政府論とは（2000年）

政府

2000年3月31日　（兆円）

資産		負債	
現金・資金	43	**国債** **政府短期証券**	**310**
有価証券	113	郵便貯金	250
貸付金	303	公的年金預り金	156
有形固定資産	181	その他	205
その他	94		
債務超過額	187		
921		921	

日銀

2000年3月31日　（兆円）

資産		負債	
国債 **政府短期証券**	**56**	発行銀行券	63
その他	51	日銀当座預金	7
		資本金 引当金 準備金	5
		その他	32
107		107	

統合政府

資産		負債	
現金・資金	43	**国債** **政府短期証券**	**254**
有価証券	113	**発行銀行券**	**63**
貸付金	303	**日銀当座預金**	**7**
有形固定資産	181	郵便貯金	250
その他	145	公的年金預り金	156
債務超過額	187	その他	237
		資本金 引当金 準備金	5
972		972	

統合政府では、政府の負債である「国債・政府短期証券」の一部が「発行銀行券」に変わっている。

この考え方は、現在の日銀の負債サイドのことを忘れています。

私が金融マンだった頃（２０００年３月まで）は、この日銀の負債の大部分は発行銀行券（＝紙幣）でした。２０００年３月31日を例に取ると、日銀のバランスシート（ＢＳ）規模は１０７兆円、そのうち負債サイドの発行銀行券は63兆円だったのです（上の図ご参照）。

日銀当座預金はたったの７兆円にすぎませんでした。負債の中で大きい発行銀行券は、日銀が元本を返す必要もないし、利息を払う必要もなかったのです。

ですから当時であれば、単独政府

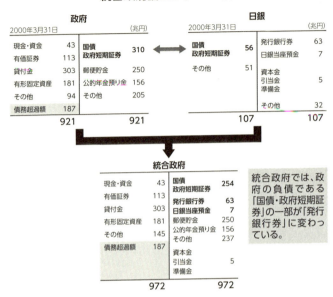

統合政府論とは（2017年）

政府

2017年3月31日　（兆円）

資産		負債	
現金・資金	129	**国債 政府短期証券**	**909**
有価証券	369	郵便貯金	178
貸付金	157	公的年金預り金	122
有形固定資産	269	その他	261
その他	63		
債務超過額	483		
1470		1470	

↔

日銀

2017年3月31日　（兆円）

資産		負債	
国債 政府短期証券	**440**	発行銀行券	100
その他	50	日銀当座預金	343
		資本金 引当金 準備金	8
		その他	39
490		490	

↓

統合政府

資産		負債	
現金・資金	129	**国債 政府短期証券**	**469**
有価証券	369	**発行銀行券**	**100**
貸付金	157	**日銀当座預金**	**343**
有形固定資産	269	郵便貯金	178
その他	113	公的年金預り金	122
債務超過額	483	その他	308
1520		1520	

統合政府では、政府の負債である「国債・政府短期証券」の大部分が「日銀当座預金」に変わっている。

では国債だった負債が、統合政府では一部が発行銀行券に変わります。発行銀行券は元本を返す必要がないし（厳密に言うと違います）、金利を払う必要もないので、統合政府論もまだ少しは理解できます。

ところが「異次元緩和」をした結果、現在（上の図ご参照。2017年3月末）の日銀の負債の75%は、利息を払わねばならず、また元本も返す必要のある日銀当座預金に変わったのです。BS規模は490兆円、そのうち日銀当座預金は343兆円なのです。政府だけで考えると国債という負債が909兆円だったものが、統合政府で考えると、国債とい

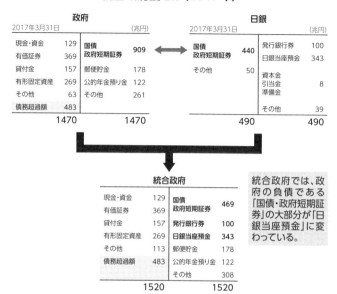

う負債が469兆円、日銀当座預金という負債が343兆円、発行銀行券という負債が100兆円に変わっただけなのです。

日銀当座預金の大部分は民間金融機関が自由意思（ただし残高368兆円のうち9・9兆円は法定準備預金）で日銀に預けているお金ですから、日銀は民間金融機関が要求すれば（たとえば円をドルに換えてドル投資をしたいなど）、当然に返済義務があります。

さらには金利引き上げ時には、この日銀当座預金に巨額の金利を払わなければならないのです（ただし法定準備預金に対しては金利ゼロ）。負債が国債のままだったら長期固定金利ですから、長期間にわたって低金利の利息を払っていればよかったのに、です。

「統合政府で考えると財政は悪くない」論者は、日銀の負債の大部分が今でも元本を返す必要がなく、金利も払う必要がない発行銀行券だと誤解しているのではないでしょうか？

ちなみに間違えて認識していらっしゃる方が多いようなので明記しておきますが、発行銀行券は日銀の倉庫に置いてあるだけでは発行銀行券残高にカウントされません。「連休前で現金を持ち歩きたい」とか「低金利だから銀行預金に置いておいても仕方ない。タンス預金を増やそう」とかで国民がATMや銀行窓口で現金を引きおろし、民間銀行が現金不足となって日銀に現金の引き出し要求を出して、初めて発行銀行券残高にカウントされるのです。

その分、その民間銀行の日銀当座預金は減額します。ですから発行銀行券残高を日銀が能動的に増やすのは不可能です。

金利が上昇すると予想すると、皆さんは住宅ローンを長期固定金利で借りようとするはずです。短期金利連動型で借りていたら、支払金利がどこまで上昇するのか怖くてたまらないでしょう。国も同じです。統合政府で考えると、日本の状況は（日銀当座預金という、ごく短期の資金調達に依存していることになり）非常に恐ろしいことになってしまうのです。

④そもそも倒産確率をバランスシートで判断していいのか？

「統合政府論」ですが、そもそも倒産確率をBSで判断していいのか？　という問題があります。倒産で多いのは資金繰り倒産です。BSがたとえ債務超過でなくても明日、従業員に支払う給料、銀行への元利金返済、仕入で振り出した約束手形の決済が資金不足でできないとなるとつぶれてしまうのです。損益計算書が黒字であっても、資金繰り倒産があります。黒字倒産と言われます。

私が勤めていたモルガン銀行は危機管理システムでは世界一と言われ、各国の銀行がお手本にしていました。今や危機管理システムのお手本になっているVaRシステムは、モルガン銀行の危機管理チームが1990年代に作ったシステムです。

99％の確率で、ある一定以上の損を出さないポジションを計算し、リスクをコントロールするのです。損が過剰になると、倒産リスクが生じるからです。今はさらに発展したシステムが使われているのかもしれませんが、少なくとも1990年代から2000年代初頭までは一世を風靡《ふうび》したシステムです。

このシステムが開発される前に使われていたのがベーシックサープラスという危機管理概念です。何か危機が迫っていた場合、3週間以内に縮小できる（＝売却により）資産はどのくらいあるのか？　一方、3週間以内に預金などの負債はどのくらい減ってしまうか？　それらを調べ、資産の減少額が負債の減少額よりも大きければ大丈夫と判断したのです。

要は保有国債などの資産を売却し現金化できれば、いくら預金引き出しが殺到しても応じられるという考え方です。これは資金繰り倒産を避ける考え方です。

そして、はるか昔のそれ以前の危機管理システムがBS分析で、債務超過になれば倒産してしまうという話だったのです。しかし、その場合も資産と負債を時価評価しています。

融資先の倒産リスクを測るのは、銀行業の肝です。その銀行にとってはBS分析、しかも簿価会計で相手や自分自身の倒産確率を測るなど、半世紀以上も前の遺物にすぎません。自分が政治家になってみて、政治家たちが前世紀の遺物のツールで倒産（＝財政破綻）の議論をしているのに驚いている次第です。

「統合政府で考えると財政は健全だ」論がお話にならないことは前項までに述べましたが、それ以前にBS分析で政府が倒産（＝財政破綻）するか否かを議論するなぞ、発想自体が金融界に身を置いたものとして時代遅れもはなはだしいと思うのです。

⑤なぜ世界中で中央銀行は政府から独立し、引き受けが禁止されているのか？

「統合政府で考えると財政は悪くない」論者は「なぜ世界中の先進国すべてで中央銀行が政府から独立し、なぜ世界中の先進国すべてで引き受け（＝財政ファイナンス）が禁止されているのか？」を考えるべきです。

２０１８年7月19日、トランプ米大統領が公然とFRBへの不満を表明し、話題になりました。FRBの独立性への侵害ということで、米大統領としてはタブーとされた内容だったのです。このとき、日経新聞は「市場には政治圧力が強まれば、パウエル氏が独立性を気にして、むしろ利上げを急いだり緩和に動けなかったりするリスクもある（米運用会社）」というコメントを載せました。中央銀行の独立性をトランプ氏がどう思っているかはともかくとして、非常に重みのある発言です。

中央銀行が独立しておらず、政府の一機関であれば、政府は好きなだけ紙幣を刷って国民の人気取りのバラマキを行うリスクがあります。中央銀行がたとえ独立していたとしても政府の圧力で、国債の引き受け（＝政府発行の国債を日銀が直接に買い取り、新しく刷ったお金を政府に渡す）をして、政府は無尽蔵にお金を手に入れバラマキができてしまいます。

それが過去、財政を危機に追いやり、ハイパーインフレをも引き起こしてしまいました。その反省ゆえに、先人たちが中央銀行を政府から独立させ、引き受けを禁止にしたのです。

「統合政府で考えると財政は悪くない」論を展開する人達は、その「そもそも論」を忘れています。そのような発想を持つこと自体が、再び「ハイパーインフレの悪夢」を再現してしまう可能性があります。悪魔のささやきだと思います。

2「マスコミは財務省に洗脳されている」という嘘

「今の多くのマスコミ、学者や財界人は財務省に洗脳され、財政再建を盲目的に追求し、緊縮財政そのものを目的化している」と主張する方がいらっしゃいますが、多くのマスコミ、学者や財界人は財務省に洗脳されるほどアホではないと思います。私もモルガン銀行時代、ニューヨークのボスに「たまには人の言うことも聞け」と怒られたくらいで人に洗脳されるタイプだとは思っておりません（笑い）。

財政は紛れもなく世界最悪です。財務省に洗脳されてそう言っているのではありません。

先に述べたように、私は黒田総裁に、統合政府論に関してお聞きしましたが、黒田総裁も「統合政府の考え方で政府の財政が厳しくないとは言えない」と答弁されました。黒田総裁も財政には厳しい見方をされていますが、財務省に洗脳されてしまったのでしょうかね。アホなんですかね（笑い）。あ、黒田さんは旧大蔵省ご出身ですから、洗脳する方でした。

参議院財政金融委員会でも渡辺喜美議員が2018年6月5日に次の発言をされました。ちなみに、その発言を聞いて私が唖然としているのを写した動画が話題になったそうです（苦笑い）。

森友、加計問題に関して、渡辺議員いわく「財務省がある意味国民に対して平気で嘘をつくと、こういうことも明らかになってしまったんですね。国会をだますということは、国民に対する嘘そのものですよ。財務省がついてきた最大の嘘は何か、それは日本の財政が危機だという話なんですよ。（中略）増税イコール権限の拡大、だから危機をあおる、世論工作をやる、刷り込みをやる、この体質がある意味、変なところから噴き出してしまったマグマが今回の事件だということであります」。

ここまでこの本をお読みいただいた方は、私が唖然とするのがおわかりでしょう。

財務省が自身の権限拡大のために「財政は危機的だ」とのフェイクニュースを流しているとの主張は、どうしても納得できません。各国に比べ対GDP（国内総生産）比の債務残高が断トツに悪いのは歴然とした事実なのです。

財務省の肩を持つわけではありませんが、財政再建は財務省自身のためにやっているのではありません。国民が将来、財政破綻やハイパーインフレで苦しむことのないように取り組んでいるのです。増税や歳出削減という国民から嫌われる仕事を担当するのは財務省ですが、多くの予算をもらって、いい思い（？）をするのは他省庁です。

確かに2018年度の予算で言えば、財務省自身が使うお金（25・2兆円）は厚生労働省（31・1兆円）に次ぐ金額です。しかし大部分（23・3兆円）は国債費（国債元本返済と支払利子）であり、財務省がいい思いをするわけではありません。歳出削減は、国民からも他省庁からも嫌われるのです。

確かに増税で他省庁に対する権限は、多少は増大するかもしれません。しかしそんな理由で国民に嫌われる増税の音頭取りを財務省はするでしょうか？（もっと大胆な歳出カットが必要だとは思いますが）尋常ならざる政治家のばらまき圧力をかわして、歳出増大を多少なりとも防いでくれているのが財務省だと思っています。

財務省を悪者にして溜飲《りゅういん》を下げているうちに、ばらまきが増え、国民が財政破綻や悪性インフレという地獄を見ることを、私はおおいに危惧いたします。

ちなみに元財務省の偉い方が「政治家は現在世代のロビイスト。財務省は将来世代のロビイスト」と表現していましたが、私もそれが正しい表現だと思います。

2018年6月6日の毎日新聞は「財務省の地盤沈下は、財政拡張派にとっては主導権を握る好機となる。自民党の西田昌司参院議員は4月9日の参院決算委員会で（中略）、森友問題での財務省の対応を糾弾。そのうえでデフレ脱却には一段の財政拡大策が必要との持論を展開した」と書いています。この記事こそ、財務省が政治家の歳出増加要求に対しての抵抗勢力となり、国民が増税やハイパーインフレにあわないよう、努力している証拠ではないでしょうか？

3 「政府には徴税権があるから破綻しない」という嘘

政府には徴税権があるから破綻しないと主張する人がいます。私も同意です。しかし皆さんが考えているような徴税方法ではありません。たまってしまった１０８８兆円の借金は、10兆円ずつ返しても１０９年もかかります。それも超低金利が１０９年継続するという前提での話です。２０１８年度予算では「税収＋税外収入」が64兆円、歳出が98兆円ですが、この状態で10兆円を浮かすためには、歳出を54兆円に抑えねばなりません。

今は金利がゼロだからいいのですが、金利が上昇し始めたら歳出を54兆円に抑えるためには金利支払い以外、ほとんど何もできないことになります。

それでは税収を増やすしかないといって所得税率を2倍にしても、算数上は２０１８年度の所得税収予測が19兆円ですから38兆円になるだけで、19兆円しか赤字は埋まりません（課税最低限を大幅に引き下げれば、少しはましになりますが）。

法人税率を2倍にしても、法人税収の12・2兆円が24・4兆円と12・2兆円赤字が埋まるだけです。景気がよくなれば税収が上がるだろうといっても、あの狂乱経済と言われたバブル期の史上最高税収でも60・1兆円にすぎないのです（ただ消費税は3％でした）。

それでは、いつも大反対が起きる消費税増税を決断するかといっても、私の単純計算では、明日から最低28％へと消費税増税をしなければなりません（詳細は後述の〈参考〉ご参照）。

ここまで述べてきたように、これらの増税は過激すぎて、政治的には到底無理でしょう。だとすると、その大増税は政治的に国民が抵抗できない（＝政治家が他人のせいにできる）形を取ることが考えられます。

その大増税こそがハイパーインフレなのです。

「政府には徴税権があるから財政破綻なぞしない」というのは先ほど述べたように同意します。しかし、その徴税方法はハイパーインフレという形の大増税だと思うのです。

政府には徴税権があるから大丈夫と聞いて楽観などしてはいけないのです。

参考　消費税をどのくらい上げれば財政再建が成るか？

2018年の消費税収予想は17・1兆円です。税率は8％ですから単純計算すれば1％当たり2・1兆円です。2018年度の「税収＋税外収入」と歳出の差が34兆円。109年かかって借金を返すつもりで10兆円、計44兆円を消費税増税で賄うとすると、44兆円÷2・1兆円で明日から20％上げて28％にしなくてはなりません。こんなに上げると景気が落ち込むだろうとか金利が上がれば支払金利が増えていくということも考えると、さらなる増税が必要でしょうが、それらを無視しても28％が必要なのです。あまりに過激です。このような計算は私だけが行っているのではなく、他の方も発言されています。

2014年3月13日の参議院予算委員会公聴会では早稲田大学の原田泰教授（現日銀政策委員会審議委員）が、社会保障費の上昇を全部消費税で担うとなると、2060年までに消費税率を36・6％に上げなければならないとおっしゃっていました。

また、2013年12月11日の日経新聞・経済教室の論文タイトルは、「財政は持続可能か、消費税率、53％の可能性も」というものでした。この論文は、筆者の個人的意見であって、FRBの意見ではないと断ってはいますけれども、アトランタ連銀上級政策顧問であるR・アントン・ブラウン氏の意見です。れっきとした識者の意見だということが言えます。しかも、この消費税率53％という数字は、債務残高の対GDP比を中期的に200％に保つための数字なのです。単年度決算を黒字化するためには、もっと過激に消費税率を上げることが必要だと彼は言っているわけです。

4 「日本は純資産国で対外資産があるから大丈夫」という嘘

「日本は純資産国で、借金を返せる純資産があるのだから財政破綻をするわけがない」との主張をしばしば聞きます。最初に申し上げておきたいのは先に述べたように、倒産確率はBSでは判断できないということです。

2018年7月27日の日経新聞「ベネズエラ　100万%インフレの脅威（下）」の締めくくりの文章に「原油埋蔵量が世界最大級といわれるベネズエラの転落劇は、政治の失敗が経済に及ぼす負の影響の大きさを改めて浮き彫りにした」とあります。ベネズエラのように世界最大級の原油という莫大な資産を持っていても、倒産は起こり得るのです。

そしてさらに強調しておきたいことは、国民のお金と政府のお金を混同してはいけないということです。

確かに日本政府が日本国民の全財産を没収すれば、政府の破綻を逃れ得るでしょう。意図的か否かは別として、実際、異次元緩和でそうしようとしています。ハイパーインフレという大増税で国民の富が政府に移行されるのですから、財政は破綻しないでしょう。究極の財政再建策です。

日本に関するCDS（保険に似た金融商品。国の倒産確率が上がると保険料率も上がる）レートは低い（＝倒産確率が低い）のですが、だからといって一部の識者のように「財政は健全だ」と主張するのはどうかと思います。私もCDSレートは低くて当然だと思っています。日本は財政破綻を避けるためにハイパーインフレという大増税策を取ると思うからです。CDSレートはハイパーインフレの確率を反映しない仕組みです。これは格付けと同じです。

昔、「日本の格付けがボツワナ以下になった」と大騒ぎしたことがありますが、新聞社にコメントを求められて私は「当然ですよ」と答えたら、翌日、大蔵省（当時）の偉い人から「藤巻さん、本当にそう思うのですか？　格付けって国の倒産確率ですよ」と電話がありました。「あ、そうか」と思いました。確かに当時は「財政の健全性の尺度」だと思っていたのですが、倒産確率なら確かに極めて低いと思い、「間違いでした」と誤りを認めたのです。私は国が倒産するとは思っていません。ハイパーインフレという大増税で国民の富を召し上げてしまうからです。

これがハイチのような世界の最貧国となると話が別です。国民の富をハイパーインフレで取り上げようにも、取り上げる富が国民の間に蓄積されていないからです。

「日本は純資産国で、借金を返せる純資産があるのだから財政破綻をするわけがない」に対する答えは「ハイパーインフレで国民資産を没収するから、確かに財政破綻はしない」ということにすぎないのです。

5「日本国債は日本人しか保有していないから破綻しない」という嘘

国債を自国通貨建てで発行しているから、財政破綻は起こらないと主張される方がいます。麻生大臣もその一人のようで、参議院決算委員会でそうお答えになりました（後述の〈参考〉ご参照）。外貨建て国債を発行していると円暴落が起きた際、満期の償還資金を確保するのが大変になってしまうことを念頭に置かれているのだと思います。

1ドル＝100円のときに表面10億ドルのドル建て日本国債を発行し、1000億円調達したとします。満期のときに1ドル＝1000円と円が急落していると、10億ドルの返済資金に1兆円が必要となってしまうのです。国債を円で発行していればそういうことはないよ、とおっしゃりたいのだと思います。私もその点は同意いたします。

しかしながら、何も外貨建てで発行していないから財政破綻もハイパーインフレも起こらないわりではないのです。すべてを円建てで発行していてもハイパーインフレの危機があるのは、今までに十分にご説明したつもりです。

また日本国民しか保有していないから、財政は破綻しないというのも間違いです。「外国からの売り圧力がなければ大丈夫だ」とでも思っていらっしゃるのでしょうか？

第2次世界大戦中の戦時国債は、敵国が買ってくれるわけがありませんから、ほとんどすべてが日本人の購入だったと思います。もちろん自国通貨建てです。

しかし戦後のハイパーインフレで戦時国債は紙くずになったのです。

そもそも日本国債を日本国民しか持っていないことを利点だとは思っていただきたくはありません。日本人しか持っていないとは、金利が低すぎて世界中の投資家が日本国債に興味を持っていないということです。現在、購入に興味を持っているのは日銀だけなのです。

一昔前、一番国債を買っていたゆうちょ銀行は、2007年に156兆円を保有していました。全資産に占める国債の割合は76%でした、今はたったの63兆円で全資産に占める割合は30%です（79頁の表ご参照）。日銀の異次元緩和をこれ幸いと皆、国債をどんどん日銀に売りつけているのです。

参考　2014年5月26日参議院決算委員会での私の質問に対する麻生大臣の答弁

○国務大臣（麻生太郎君）／いずれにいたしましても、私どもとしては、少なくとも他の国と違って自国で、自国の国債を、数少ない、自国通貨で発行しております、世界193か国で4か国ぐらいでしょうか、そういった国の一つなんで、私どもとしては、そういった財政破綻とかいうようなことが起きるというようなことを考えておるわけではありません。

6「政府は借金の返済をしなくてもいい」という嘘

私が「国の財政が最悪で通常の方法では借金は返せなくなった」と申し上げると、「なぜ返す必要があるのだ。家庭とは違うのだ。徴税権もあれば通貨発行権があるのだ。借りておけばいずれ返せる」という反論を受けることがあります。

徴税権に関しては、ここまで借金が巨額になるとハイパーインフレという税金（インフレ税）しか残っていないが、それでは国民生活が地獄になるとも申し上げてきました。

通貨発行権に関しても「通貨を発行できても、その通貨が信認されなくなれば通貨発行権もないに等しい」とお答えしてきました。

しかも「国の借金は返さなくてもいい」論者は投資家のことを忘れています。「満期にお金を返してくれない債券」なら誰も買いません。「返さなければよい」といっても、実務的に発行しているのは永久債ではなく満期のある債券です。満期が来れば返さなければなりません。そのために借換債を発行して返済原資を確保するのです。

「今発行している債券は満期が来てもお金を返さないことにしました」ならば、それは定義からしてまさにデフォルト（財政破綻）です。「今後は返すのやめた」または「今後の発行は永久債とする」としたらどうでしょう？

永久債の転売市場が発展していない限り、誰もそんな債券を買いません。そうなると満期の来た債券のお金を返済することが不可能になります。政府は赤字ですから借金をしないと返済金が不足するからです。これまたデフォルト発生となってしまいます。

7「政府は財政再建を着実に実行している」という嘘

政府は財政再建を着実に果たしていると主張します。しかし2020年度としていた基礎的財政収支（PB）の黒字化を5年延ばし、さらに2年先延ばしとして2027年度としました。

PB黒字化は財政再建の最初の一歩もいいところです。それさえ、どんどん先送りにしているのです。

PBとは国債費（元本と利払い）を除いた話です。PB黒字化が達成されても、単年度予算は国債費だけ赤字になります。「財政再建が始まる」とは累積赤字が減り始めて、初めて言えることなのです。ダイエットが成功したとは体重が減り始めて初めて言えるのと同じで、肥満化する度合いが落ちてもダイエット成功とは言えないのです。

2018年度の予算段階での赤字は34兆円、同年度末の公債発行残高予想は1056兆円ですが、PB黒字化が達成するとされる2027年度の単年度赤字は38兆円、累積赤字は1169兆円にもなっています（内閣府・中長期の経済財政に関する試算・2018年7月9日経済財政諮問会議提出)。単年度赤字も累積赤字も増え続けているのです。ダイエット(=財政再建)は全く成功していません。しかも日銀が異次元緩和をやめて長期金利が急騰したら、とんでもないことになるでしょう。

たいした問題とは言えないかもしれませんが、政府答弁にもチーティング(ごまかし)が入っています。ギリシャ危機が政府による統計資料の操作発覚から始まったことを考えると、軽視してはいけないのかもしれません。

麻生大臣は2018年3月の所信表明演説で「公債の発行額を安倍内閣発足以来6年連続で減額してきた」と述べられました(後述の〈参考〉ご参照)。確か安倍総理も同じ内容を何度か公言していたと思います(資料が見つからないので確かではありません。聞いていてオヤと思いました)。

しかし、決算ベースでは公債の発行額は6年連続では減額していません(左頁の図ご参照)。きっと予算段階の話をされて財政再建を強調されたいのでしょうが、当然決算での数字で発言すべきだと思います。4月16日の参議院決算委員会で指摘しておきました。

より重要な点は、毎年、でかい補正予算が当然のように作られる点で、これは財政法第29条(後述の〈参考〉ご参照)の趣旨違反ではないかとも指摘しておきました。

2008年度から2016年度までの国債発行額(実績)

(単位:億円)

年度	国債発行額							
	新規国債			年金特例債	復興債	財投債	借金債	計
		4条債	特例債					
2008	331,680	69,750	261,930	—	—	86,000	939,095	1,356,775
2009	519,550	150,110	369,440	—	—	94,100	904,803	1,518,453
2010	423,030	76,030	347,000	—	—	84,000	1,008,355	1,515,385
2011	427,980	83,680	344,300	—	112,500	131,000	1,090,200	1,761,680
2012	474,650	114,290	360,360	25,842	23,033	142,200	1,109,579	1,775,304
2013	408,510	70,140	338,370	26,035	—	107,000	1,101,569	1,643,114
2014	384,929	65,770	319,159	—	1,200	140,000	1,193,728	1,719,857
2015	349,183	64,790	284,393	—	13,200	134,000	1,142,308	1,638,691
2016	380,346	89,014	291,332	—	7,909	196,000	1,094,798	1,679,053

注1:国債発行額は、収入金ベース。
注2:復興債については、2011年度は一般会計において発行され、2012年度以降は東日本大震災復興特別会計において発行されます。

参考 2018年3月8日参議院財政金融委員会での麻生大臣の所信表明演説

○国務大臣(麻生太郎君) /同時に、一般歳出等について経済・財政再生計画の目安を達成し、公債の発行額を安倍内閣発足以来6年連続で減額するなど、経済再生と財政健全化の両立を実現する予算といたしております。

参考 財政法第29条

内閣は、次に掲げる場合に限り、予算作成の手続に準じ、補正予算を作成し、これを国会に提出することができる。

一 法律上又は契約上国の義務に属する経費の不足を補うほか、予算作成後に生じた事由に基づき特に緊要となつた経費の支出

（当該年度において国庫内の移換えにとどまるものを含む。）又は債務の負担を行なうため必要な予算の追加を行なう場合

二　予算作成後に生じた事由に基づいて、予算に追加以外の変更を加える場合

８「デフレ脱却のためには量的緩和が必要だった」という嘘

私が異次元緩和は「ジリ貧（＝デフレ）を逃れようとしてドカ貧（＝ハイパーインフレ）に陥る政策だから反対」と主張すると、「今はデフレなのだからしようがないだろう」と反撃する方がいらっしゃいます。

もしインフレが加速したときにそれを制御する方法があるのなら、私も異次元緩和に反対しません。しかし今まで述べてきたように、ないのです。

それ以上に、何も「異次元緩和」をしなくても、デフレ脱却の方法はあったはずなのです。

そもそも日本で最初にデフレからの脱却が必要だとマスコミを通じて主張し始めたのは、私だと自負しています。「インフレという言葉が悪魔の言葉」とまだ信じられていた1990年代、新聞に「日本にはインフレが必要だ」というコラムを書こうとして編集者から「藤巻さん、インフレが必要なんて主張すると国賊になってしまいますよ。せめて『デフレ脱却が必要だ』に変えましょう」とタイトルの変更を提案されたくらいです。

友人の元日銀大幹部から「なぜお前は異次元緩和に反対するのだ。そもそもお前がインフレが必要と主張するから取り入れたんだぞ」と言われたこともあります。もっともその幹部の認識は間違いで、私はすぐ「インフレ必要論」から「資産インフレ（土地や株の価格の上昇）必要論」に方針転換をしています。バブル（1985～90年）の経験から資産価格の上昇による資産効果（資産を持っている人がお金持ちになったつもりになって消費を増やす。それが資産価格を上げるという好循環が始まる）が景気にとって、最も必要だと思うようになったからです。過去の本にもその論を展開しています。

インフレにしろ資産インフレにしろその手段は簡単で、円安にすればいいだけで、何も異次元緩和をやる必要がないというのが私の長年の主張でした。2002年1月には『一ドル二〇〇円で日本経済の夜は明ける』（講談社）という本を出版しています。よく「1ドル＝200円になる」とのマーケット予想だと誤解されますが、それはこの本を読んでいないがゆえの批判で、読んでいただければわかるように「1ドル＝200円の円安になれば、日本もデフレから脱却できるし景気もよくなるぞ」という提言書です。

新聞を見れば、通貨安が物価高を加速する事例がいくつでも見つかります。

・2018年7月11日　日経新聞　フィリピンのケース

「インフレが加速している背景には原油高に加え、米国の利上げで通貨安が進み、輸入品価格が上昇していることがある」

・2018年7月24日　日経新聞　アルゼンチンのケース

「南米アルゼンチンで通貨ペソの対ドル相場が急落し始めてからほぼ3カ月。（中略）中銀は政策金利を年40％に引き上げたが、高率インフレを抑え込めない」

・2018年8月31日　日経新聞　アルゼンチンのケース

「ペソの下落と物価の上昇が止まらない　ペソ安で政策金利60％に」

・1998年8月18日　日経新聞　ロシアのケース

「しかし、ルーブルの実質的切り下げはインフレ要因につながる公算が大きく、ロシア経済の混乱は長期化の様相を強めている」

・1998年8月18日　毎日新聞　ロシアのケース

「インフレにつながる恐れ……ロシア政権、厳しい立場に――ルーブル切り下げ」

「（注：通貨の）切り下げは国内債務や未払い賃金の解消、輸出促進などの効果も指摘されるが、インフレによる社会不安をもたらしかねない両刃の剣でもある」

・2018年6月26日　朝日新聞　トルコのケース

「通貨急落　物価上昇に不安」

「リラの水準は、年初より2割ほど安い。トルコ中央銀行は、物価上昇に拍車がかからないよう利上げを進める」

・２０１８年８月29日　日経新聞　トルコのケース

「トルコ　物価高一段と」（左上の写真ご参照）

（左下の図表の解説は「通貨急落で８月のインフレ率は大幅拡大か」）

「通貨切り下げ＝インフレ懸念」は、我々リスクテーカーにとっては「パブロフの犬的」に当然のリアクションなのです。

トルコ 物価高一段と
リラ急落 消費に陰り
輸入依存、景気にリスク

※2018年8月29日の日経新聞

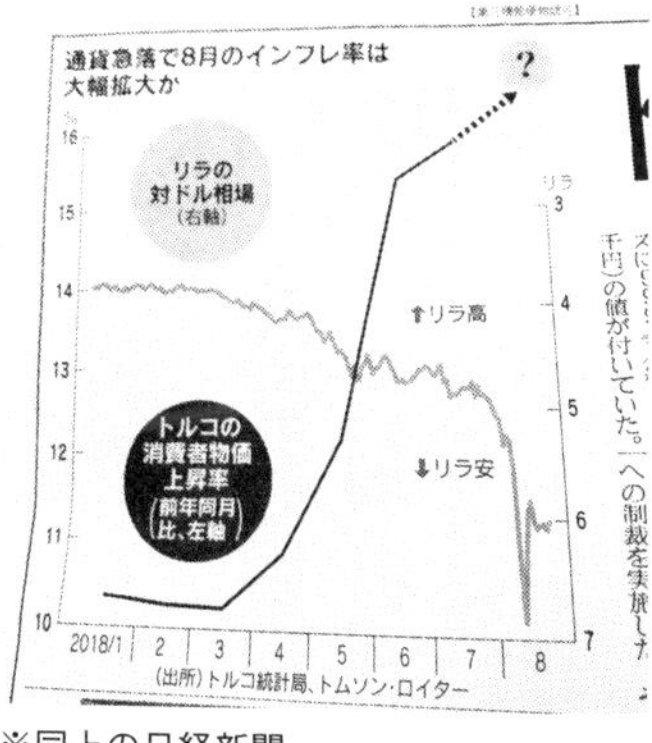

※同上の日経新聞

コラム

2002年1月に出した拙著『一ドル二〇〇円で日本経済の夜は明ける』より

「日本国債引き受け論には大反対である」

ところで、「国債引き受け」とは、日銀がマーケットを通さずに、国債発行日に、財務省から直接に買い取ることであり、「国債買い取り」とは、日銀が発行日以降、保有金融機関から国債を買い取ることである。差は、「マーケットを通せば、価格など、マーケットのチェック機能が働くだろう」ということぐらいである。

私は日銀の「国債引き受け論」「国債買い取り論」どちらも大反対である。いわんや「日本国債の代わりに株、社債、土地を買え」という主張は「何をか言わんや」である。

実は、「日銀国債引き受け論」は、私が言い出しっぺであると思っている。少なくとも、言い出しっぺの一人である。

私は、あまり主義主張を変える人間ではなく、サラリーマン時代はNYのボスから「藤巻は頑固すぎる」とおこられていた人間である。その私が数年前に自分で言い出したあの「日銀国債引き受け論」を今は「余計なことを言った」とおおいに反省しているのである。

他に金融緩和の手段がなければ「日銀国債引き受け論」も、いたしかたない。他にデフレ脱却の方法がなければ、「日銀国債引き受け論」もいたしかたない。しかし、もっと効果的で、パワフルな方法がある。何度も書くが「円安政策」である。「その円安政策を実行しないで副作用の非常に大きな国債引き受けをしてはいけない」というのが、今の私の主張である。

副作用で、巷間《こうかん》よく言われているのは、「財政の規律が崩壊する」というものである。どんなに国債を発行しても、日銀がどんどん買ってくれるわけであるから、政府が、何も考えずに好きなとき、好きなだけ発行し、財政危機が行き着くところまで行き着いてしまうという危惧である。民間がもう国債を買ってくれないような事態、例えば、国債の発行しすぎの状態なども、政府は、おかまいなしということになってしまうということである。

実は、副作用は、国債を発行して売る政府サイドだけの問題ではない。買う日銀サイドにも現れてしまう。それほどまでに副作用は広範囲に及ぶ。

9「円安誘導策はない」という嘘

前節でも書きましたが、デフレから脱却するには異次元緩和する必要などなく、円安にすればよかったのです。その方法はいくらでもあります。『一ドル二〇〇円で日本経済の夜は明ける』の中で書いた案をそのまま転記します。実務家としての経験からの提言です。

・日銀の米国債購入

・「マル外」(144頁ご参照)
・「日本は円安を進める」と国内外に宣言する
・マイナス金利導入
・日銀総裁の人選
・短期ドル建て日本国債の発行

コラム 「日銀が倒産しました」も笑い話ではすまなくなる(『一ドル二〇〇円で日本経済の夜は明ける』〔2002年発売〕より)

日銀が、日本国債を引き受け、または買い増して、財政の規律を崩壊させ日銀の権威が落ちる。その結果「日銀券の価値が地に落ちる」ところなど、日本人として見たくないものである。

それゆえに私は、「日銀は日本国債でなく、米国債を買い増せ」と言っているのである。米国債を買うことは、日銀保有資産の多様化にもなり、日銀資産の健全化にもなる。日銀が米国債を買うということは、日銀のドル買いによって円を弱くし、日本経済をデフレから脱離させるという観点から理想的なオペレーションである。そして、それは日銀に金融緩和の新しい手段を与えるとともに、日銀の資産を健全化して日銀の権威を保つということにもなる。さらに財政規律の保持にもつながるという。すばらしいオペレーションだと私は思うのである。

⑩「インフレになると景気がよくなる」という嘘

日銀はCPIの2％達成を政策目標としていますが、いくつかの疑問もあります。景気がいいとインフレになります。したがってCPI2％目標とは「景気がよくなってほしい」との願望だと私は思っています。

「景気がいいとインフレにはなる」、これは正しいのですが、残念ながら逆に「インフレだと景気がよくなる」とは限らないのです。スタグフレーション（景気悪化なのにインフレの状態）という言葉があるくらいです。「インフレだと確実に景気がよくなる」のなら「公共料金や学費を30％上げればよい」のではないでしょうか？　間違いなくインフレになるでしょう。

しかし、それでは景気は悪化すると思います。

1985～90年のバブルと言われた狂乱経済は、株価や不動産価格という資産価格の上昇で起こりました。資産価格はCPIの計算に入りません。あのときの狂乱景気はまさに資産価格の狂乱で起きたのであり、CPIは低迷していました。

⓫「量的緩和をすればCPI2％の公約が達成できる」という嘘

浜田宏一イェール大学名誉教授が安倍政権のブレーンになる直前に、酒を飲みながら歓談したことがあります。「日本の30年間の経済低迷はひとえに円高による」との点で同意し、おおいに盛り上がりました。浜田先生は「僕も円高が30年間の日本経済低迷の元凶だと思っているのに、日本でそれを主張する人がいない。君を見つけてうれしいよ」と言ってくださいました。

しかし、そのとき、浜田先生は「円安誘導のために異次元緩和が必要だ」とおっしゃったのですが、私は「異次元緩和は大きな副作用（＝ハイパーインフレ）に陥るから反対。日本は市場原理が働かないから異次元緩和では円安を誘導できない。他の方法で円安誘導すべきだ」と応じました。

浜田先生が勉強され実際に見てこられた米国は、市場原理や株主資本主義が発達しているので、量的緩和が自国通貨安を導いたと思います。しかし日本は、残念ながら市場原理も株主資本主義も発達していません。ですから私は無理だと申し上げたのです。

ゆうちょ銀行が米国の銀行だとします。そうであれば量的緩和が進み、預金が大量に入ってきたときに0・1％の日本国債に投資なぞしていたら、力の強い株主は怒り始め経営者のクビは飛んでしまいます。「高い給料を払っているのに、なぜ0・1％の運用で満足しているのだ？

と。20年間GDPがちっとも増えていない国に投資していても儲かるわけないだろう」となるのです。したがって高いリターンを求めて海外に出ざるを得ない（＝円売り外貨買い）のです。

しかし実際は、半官半民のゆうちょ銀行がそんな外貨投資などのリスクを取るわけがありません。取るとしても為替ヘッジつき（＝結果として円運用と同じ利回り）ですから為替に影響しませんせん。日本企業は失敗してクビを切られるより、低利回りでも元本保証の日本国債購入に走るのです。株主資本主義ではないからです。株主が絶対的権力を持つ米国の会社と違い、日本の会社では株主の力が弱いからだと思います。

積極的に為替のリスクを取らないのは、民間銀行も同じです。同じく株主資本主義ではないからです。利益が低くても、経営者がクビにならないからです。ですから海外に目が向かないのです。

しかし、それが米銀と邦銀の収益の大きな差になっていると、日米両方の銀行を経験した私は思います。

第3部
今後の金融政策はこうすべし

I しかるべき金融政策を検証する

1 伝統的金融政策VS非伝統的金融政策

①伝統的金融政策とは

伝統的金融政策とは「景気が悪くなれば金利を下げ、よくなれば上げる」というものです。長い間、各中央銀行で採用され「効果」と「副作用の有無」も検証されている政策です。なおマイナス金利政策は、伝統的金融政策の範疇《はんちゅう》です。下げた先がプラスでなく、マイナスになっただけの話です。

②非伝統的金融政策（異次元の量的・質的緩和）

一方、「異次元の量的・質的緩和」は〝非〟伝統的金融政策と言われます。過去にハイパーインフレを引き起こした政策です。「効果もわからず、副作用も明確になっていない」のです。最近では、日銀でさえ副作用を懸念し始めているとの報道が出始めています。

2 非伝統的金融政策を採用したのは政策ミス

この本では異次元緩和という非伝統的金融政策には「出口がない＝引き締めの方法を失った」という大きな副作用があることを長々と説明してきました。

「借金実質棒引きのハイパーインフレを引き起こすために、意図的に異次元緩和を開始した」という穿った見方をするのなら別ですが、私は金利をゼロまで引き下ろした結果、追い詰められて、後先を考えずに開始してしまったのが異次元緩和だと理解しています。

その結果が、この本で書いてきた「ハイパーインフレのリスク」なのです。

私は当初から「ジリ貧（＝デフレ）から脱却しようとしてドカ貧（＝ハイパーインフレ）に陥る」から、と大反対だったことも何度かこの本に書きました。私が1990年代後半から一貫して主張してきたのは「伝統的金融政策」の範疇である「マイナス金利政策」です。新聞にも、『一ドル二〇〇円で日本経済の夜は明ける』他にも書いてきました。

私は、今でも日銀は、ゼロ金利になった後、「異次元緩和」を選択せずに「マイナス金利政策」を採用すべきだったと思っています。

❸今後は伝統的金融政策に固執すべき

異次元の量的・質的緩和は今後、二度と採用すべきではありません。伝統的金融政策に固執すべきです。ただ、これは将来の話です。今から伝統的金融政策に戻そうとしても無理です。私が日銀はルビコン川を渡った（＝二度と戻れない）と表現する理由です。

伝統的金融政策は日銀当座預金を法定準備預金額まで縮小して初めてできる政策ですが、この本でしつこく述べてきたように、現時点ではもう日銀のBSの縮小（＝日銀当座預金残高の縮小）は無理なのです。

「異次元緩和」は日銀当座預金を「極大化」する政策であり、マイナス金利政策は「極小化」する政策ですから、180度異なるものです。両立するわけがありません。今、日銀は双方の政策を採用していますが、両立は無理筋なのです。

ですから今巷《ちまた》に存在する「マイナス金利政策なぞ効かない」批判は当たり前なのです。黒田日銀はゼロ金利になった後、禁じ手の「異次元緩和」なぞしないで、伝統的金融政策の範疇であるマイナス金利政策を即、取り入れればよかったのです。そうすれば、この本に書かれている副作用などもなく、景気浮揚効果も抜群にあったと思うのです。

❹ マイナス金利政策は強力である

「The International Economy」という世界的に権威のある雑誌があります。世界各国の財務相経験者、中央銀行総裁経験者、ハーバード、ロンドン・スクール・オブ・ビジネスなど著名大学の教授等が寄稿する雑誌です。僭越《せんえつ》ながら私も時々寄稿します。

2017年の夏号には「中央銀行は今後、どういう政策を取るべきか?」との特集がありました。私にも寄稿依頼が来たので「何も新しい方法を研究する必要はない。伝統的金融政策に固執すべき」と書きました。

金利を下げていき、ゼロ%になったら次は「量的緩和」ではなく、マイナス金利に誘導するのです。△0・1%が効かなければ△1%。それでも効かなければ△3%にすればいいだけです。△10%になれば、いくらなんでも効きます。預金をすれば多額の金利をもらうのではなく払うのです。そうすれば皆、円預金なぞせずに金利をもらえるドル預金をすることでしょう。円安ドル高進行で景気はよくなります（この本に書いたとおりです）。預金で金利を払うくらいならと消費にも回すでしょうし、株式にもお金が回るでしょう。

一方、家を建てたり、工場を建てようと銀行からお金を借りれば金利をもらえるのですから、「借りよう」とのモチベーションは高まります。銀行も預金者から（たとえば）5%もらって融資先に2%払えば3%の利鞘が稼げます。銀行が融資先にお金を払ってでも貸そうという気にさせるには、日銀当座預金にお金を置いておけば3%取られる仕組みにしておくことが重要です。日銀に3%払うくらいなら貸出先に2%払おうという気になるからです。これが、私が大昔から提唱していたマイナス金利政策です。

景気が過熱してきたら、今度は△3%→△1%→△0・1%→+0・1%→+1%と金利を引き上げていけばいいだけです。「異次元緩和」と違い出口があるのです。ただし今、日銀が行っている「マイナス金利政策」とは違って、預金金利もマイナスにすることが肝です。

預金者の方からは文句が出るかもしれませんが、短期間マイナス金利に耐えることで景気が回復していくのであれば、その方がいつまでも景気が低迷し超低金利が続いたり、ハイパーインフレの地獄を味わうよりは格段にましだと私は思います。

5 地銀の経営悪化は異次元緩和のせいであり、マイナス金利のせいではない

現在、「マイナス金利政策」は評判が悪いようです。一つの理由は効果が出ないからですが、異次元の量的・質的緩和の併用という何がなんだかよくわからない無理筋政策をしていなければ、十分効果は出るはずです。他の悪評の理由は「マイナス金利政策のために金融機関、特に地域金融機関の経営が悪化した」というもののようです。

しかし地方銀行の経営が悪化しているのは、この本で述べたとおり、「異次元緩和のせい」であり、「マイナス金利政策のせい」ではありません。完全な誤解です。

多少古い資料で恐縮ですが、2018年2月16日〜3月15日の日銀当座預金の平均残高は364兆5500億円です。そのうちマイナス金利(△0・1%)が適用されるのは22兆8050億円と、約6%にすぎないのです。マイナス金利政策のせいで収益が悪化したはずがありません。

異次元の量的・質的緩和の「質的」の意味は長期債の爆買いです(私が現役のときは日銀は長期債などほとんど買っていませんでした)。爆買いしますから長期債の値段は上がります(=長期金利は低下)。そのせいで銀行の収益の根幹である長短金利差が縮小してしまったのです。

1970年代後半、FRBはS&L危機を長短金利差を拡大することで回避したのですが、日銀は真逆のことをしているのですから、地銀の経営危機は当たり前の話なのです。

6 マイナス金利政策への抵抗感について

二十数年前に私がマイナス金利政策を自著やマスコミを通じて提言したときは「フジマキは頭がおかしくなった」と言われたものですが、それは「金利がマイナス」という状況が人々の常識に反していたからだと思います。

しかしその後10年近くたって、日本有数のシンクタンクである日本総研が「マイナス金利論」を発表したり、ECBや日銀が（不完全形ですが）マイナス金利政策を導入したので、人人の間に「あまりに非常識」という感覚はなくなったと思います。

当時から私への唯一のロジカルな反論は「預金がマイナスになるとタンス預金に逃げる」という日銀からの反論でした。

Ⅱ 究極(近未来)の金融政策とは

1 現金決済は世界では亜流である

日本では少額のモノを買ったときやサービスを受けたとき(床屋に行ったなど)、まだまだ現金決済が普通です。発行銀行券残高は104兆円(2018年5月末)と巨大です。現金を持ち歩いても泥棒にあわない、紙幣印刷技術が高く偽札をつかまされる可能性が低いからだと思います。またカード決済もカード会社が3%の手数料を取るので店舗側が収入の減少を嫌がるせいなのかもしれません。

しかしながら、これだけ現金決済比率が高いのは世界では稀《まれ》なことなのです。2018年8月21日の日経新聞の「決済電子化で税優遇」の記事の中には「経産省によると、クレジットカードや電子マネーなど日本のキャッシュレス決済の比率は15年時点で18%だ。韓国(89%)や中国(60%)、インド(38%)に比べて低く、訪日客の4割が不満を持っている。政府は25年に40%に上げる計画だ。ただ、40%に引き上げても日本人の現金志向は根強いとみられる」と書かれています。

中国ではQRコード決済が当たり前になっているようです。QRコード決済とは、スマホに登録されているQRコードまたはバーコードをレジなどでスキャンしてもらうことで、支払いが完了する仕組みです。遠藤金融庁長官がその昔、フィンテックの視察に中国に出かけたとき、昔ながらの市場を見て驚いた、という話が漏れ聞こえてきます。取引自体はガヤガヤやりながらの極めて前近代的な方法だったのに、決済になると皆スマホを取り出してピッとやってそれでおしまい。えらく進んでいる、と感銘を受けたというのです。

オバマ前米大統領が「3年以内にVISA cardやMastercardで決済できるように」との約束を中国からとりつけたのに、これらのカードが使われる前にQRコード決済にひとっとびだったわけです。

オリンピック・パラリンピック、ラクビー・ワールドカップ、大阪万博と訪日客が増えるでしょう。彼らを呼び込むためにも商店はキャッシュレス化を進めざるを得ないでしょう。

そもそも利便性はデジタル通貨の方が現金より高いのですから、携帯電話が固定電話に取って代わったように、日本人同士の決済もそちらにシフトしていくと思われます。

スウェーデンはキャッシュレス化が進んでいる国の代表例としてよく挙げられますが、彼《か》の国では「現金お断り」の店があったりATMを置いていない銀行もあるようです。日本も近い将来そうなるのではないか？　と思います。

2018年8月21日の日経新聞には「ボストン・コンサルティング・グループは日本の金融界がATMの管理や現金輸送にかけるコストを年2兆円と推計する。キャッシュレス化が進めば、この負担を減らせる。個人にとってはATMで現金を引き出す時間をなくせる」というキャッシュレス化へのメリットが書いてあります。

政府も税制で支援していくそうですし、キャッシュレス化はますます進むと思われます。政府がその気になれば、高額紙幣の廃止も強力な武器になります。

2017年8月1日の日経新聞では米ハーバード大のケネス・ロゴフ教授が「日本は1万円札を廃止せよ」と説いています。「地下経済が縮み、税収が増える」と言うのです。「マネーロンダリングや脱税、収賄など犯罪行為で高額紙幣が果たす負の役割も大きく、現金の闇を取り除くべきだ」とはロゴフ教授の言なのです。

コラム　現金は危険

民進党が分裂する前の代表選の討論会で、蓮舫氏が玉木雄一郎氏に「男なら泣くな」と注意したそうです。私も映画や水戸黄門のTVで泣いてしまうほうですから、偉そうなことは言えませんが、初代林家三平師匠のおっしゃるとおりです（確か彼の言葉だったと思う）。

「男は泣いてはいけない。泣いていいのは財布を落としたときだけだ」

私は、三井信託銀行（当時）千葉支店に入行し最初のボーナスをもらった日に飲み屋から出たところで財布を落としました。当時は現金支給だったのです。千葉駅で気がつき大急ぎで引き返しましたが、どこにもありません。私は号泣しました。

❷ 現金がなくなればタンス預金がなくなり、マイナス金利政策が有効になる

発行銀行券をデジタル通貨に変えてしまえば、マイナス金利政策の最大の障壁であるタンス預金がなくなります。私の主張する「マイナス金利政策」に対しての日銀の反論「タンス預金が増えてしまう」は封じられるわけです。日銀が国にとって重要な金融政策（＝伝統的金融政策）を再度、その手に取り戻すことができるのです。

今回景気が悪く金利を下げていき、ゼロ％に達したら、なす術がなくなって「異次元緩和」というとんでもない禁じ手に走ってしまいましたが、（タンス預金を気にせずに）マイナス金利政策という伝統的金融政策が再度使えるようになれば、日銀の金融政策は万全のものになります。

「そんなことのために銀行券をなくすの？」と考える方が大部分だと思いますが、私が想定するハイパーインフレ、中央銀行の倒産が実際に起これば、その重要性に皆が気づくようになると思っています。異次元緩和に替わる政策（＝マイナス金利政策）を発動できる環境を整えて

おく必要に気がつくと思うのです。

まずは1万円札等の高額紙幣をなくし、クレジットカードやデビットカードを普及させます。中国のように「QR」を利用してのスマホ決済が普及すれば理想的です。

そして最終的には、日銀デジタル（日銀発行のデジタルマネー）と仮想通貨の併用につなげるのです。

もっとも現段階では、日銀はデジタル通貨を深くは考えていないようです（後述の〈参考〉ご参照）。

デジタル通貨さえ浸透していれば、新中央銀行はタンス預金への逃避というマイナス金利政策の障害を考えずに済み、強力な金融手段である伝統的金融政策を制限なく活用できるようになるのです。なお、私は現在の日銀は倒産すると思うので、以上は新しくできる新中央銀行が取るべき方針です。

ところで、この本を書くために資料をめくっていて、ハーバード大学のケネス・ロゴフ教授が私と同じ主張をしていることに気がつきました。2017年8月1日の日経新聞「時論」で次のように述べていらっしゃいます。全面的に賛成です。力強い味方が現れました。新中央銀行はケネス・ロゴフ教授を参謀に雇うべきです。

ロゴフ教授いわく「金融危機のような大きなショックに見舞われれば、景気を反転させる手段はマイナス金利しかない。日銀やＥＣＢは現在もマイナス金利政策を敷いているが、極めて小幅だ。中央銀行がこの政策を深掘りできないのは、銀行預金にマイナスの利子を課すことができても、預金者が資産を現金に換えてしまえば、マイナス金利を付けることができなくなるためだ」

「ただ、現金を廃止してマネーを電子化すれば、簡単にマイナス金利を付けることができる。マイナス幅は４％程度まで可能になるのではないか。その先駆者となれるのは、あらゆる金融政策を試みてきた日本だろう。日本はマイナス金利の深掘りに向けて、高額紙幣廃止の研究を始めるべきだ。それだけで市場のインフレ予測が強まる効果も期待できる」

参考　2018年5月22日参議院財政金融委員会での私の質問に対する黒田総裁の答弁

○参考人（黒田東彦君）／なお、このデジタルマネー、中央銀行デジタルマネーの議論につきましては、様々なところで議論が行われておりますけれども、デジタル技術を活用する、特に支払決済の面で活用するということは十分考えられることであるというふうに思いますし、日銀としてもそうした決済イノベーションを推進する方向で様々な取組を行っておりります。

ただ、現金を代替するようなデジタル通貨を中央銀行が発行するということにつきましてはは、民間銀行の預金や資金仲介への影響など、検討すべき点も多いというふうに認識しております。

3 デジタル通貨にはこんなメリットがある

デジタル通貨が現金に取って代わったときの最大のメリットは、今まで述べてきたように中央銀行の行う伝統的金融政策が完璧になることです。これは新中央銀行が設立されるような事態になれば、国民の間に広く認識されるでしょう。これは日銀デジタルの話です。

さらには銀行口座を持っていない人との決済ができるようになるのも、デジタル通貨のメリットです。これは世界がさらにグローバル化していったときに注目されるでしょう。

2018年8月30日の日経新聞「キャッシュレスNOW(3)――さらば銀行口座(迫真)」の記事冒頭に「『海外では、20億人が銀行口座を持っていません』」と書いてあります。信用がなくて口座を開けない人もいるでしょうし、近くに銀行がなくて(フィリピンかどこかの国では県の中に銀行が一つもないという話を聞いたことがあります)口座を開けない人もいるでしょう。

QRコードやクレジットカード決済も最終的には個人の保有している銀行口座の増減が必要ですから、銀行口座を持っていない人達が頼れるのは、現金か仮想通貨というデジタル通貨だけになります。このように銀行口座を持っていない人達をはじめ、外国人との取引は日銀デジタルでは難しいので、仮想通貨の出番でしょう。

これは、幅広い人々が決済を含めた金融サービスにアクセスできるという点で、世界の人々の生活水準向上に資することになります。社会的意義のあるメリットです。

第3のメリットとしては脱税防止、マネーロンダリング（資金洗浄）の防止に役に立ちます。中国人民銀行はデジタル通貨導入の目的として、明確に脱税防止を謳《うた》っているそうです。

脱税、マネーロンダリングが一番簡単なのは、実は現金です。デジタル通貨は履歴が残りますので、現金よりはるかにこれらの防止に役立ちます。

2018年8月30日の朝日新聞には「資金洗浄対策『不安』6割　地銀、海外送金停止も」との記事が載っています。一般の方にはなかなか実感できないかもしれませんが、資金洗浄は金融機関にとっては大きな問題なのです。

4 仮想通貨、日銀デジタル、電子マネーの違いとは

仮想通貨や日銀デジタルやSuica、PASMO、Edy等の電子マネーは、皆デジタル通貨です。

これらの電子マネーは法定通貨を電子データに置き換えたものであり、チャージした分のみが使用可能となります。企業が管理しており、提携している店舗などでなければ使用すること

ができません。最終的に使用者が銀行に持つ口座で決済されます。管理しているのが企業ではなく、日銀となる電子マネーが日銀デジタルです。

仮想通貨は前述したように、発行主体がいるわけではありません。もちろん銀行口座は不要です。

日銀デジタルは、日銀という発行主体が存在しますから仮想通貨とは異なります。ただ紙幣の異なった形という単純なものではなく、日銀デジタルが採用されれば、今の銀行システムが大きく変わる点も事実です。人々が民間銀行に預金する代わりに中央銀行に口座を持つのですから、支払い決済サービスが民間銀行から中央銀行に移ります。

お店で買い物をし、スマホをかざすと、日銀にある個人の口座残高が減ることになります。そのお金はお店が日本銀行に持っている口座に振り替わるのです。現金を持たずとも、スマホを持っているだけで決済ができます。

他の電子マネーは民間銀行に持っている口座で決済しますが、日銀デジタルではそれが不要になり、直接日銀で決済されます。

また今までは、中央銀行が銀行券と中央銀行預金の供給に特化する一方、民間銀行はこれを基に信用創造によって広くマネーを供給するという「2層構造」の通貨制度が存在しましたが、日銀デジタルが発展すると、この「2層構造」は大きく変わっていくことになります。

5 日銀は日銀デジタルを発行するか？

日銀は現段階では、自ら日銀デジタルを発行する計画は持っていないそうです（2018年4月16日　IMF・金融庁・日銀共催　FinTechコンファレンスにおける雨宮正佳副総裁挨拶）。

しかし、もし日銀が倒産し新しい中央銀行ができるのなら、その機会を捉えて現金をなくし、中央銀行デジタルの発行に切り替えてしまうべきだと思います。これで完全なる金融政策が構築（タンス預金をなくし、マイナス金利政策を有効なものにする）されます。

新中央銀行は、完璧な金融政策ツールをゲットできます。今後はデフレであれインフレであれ、好景気であれ大不況であれ、ドンと来い！　です。新中央銀行は頼りがいのある日本経済の守り神として君臨します。

一つ考えておかなくてはならないのが、民間銀行のあり方です。人々は直接中央銀行に口座を持ちますから、民間銀行は安い資金原資を失います。企業融資の原資は、日銀からの借り入れとなるからです。民間銀行の収益の一部が中央銀行へ移行してしまいます。これをどう考え、どう対処するのかは宿題です。

中央銀行デジタルが発行されたら、民間の電子マネーの存在意義はなくなると思っています。

なお以上の大きな流れからすると、末節的ではあるのですが、日銀倒産&新中央銀行設立の後に、新中央銀行が伝統的金融政策に回帰できるのか？　という技術的な疑問があるのです。伝統的金融政策を発動するには、日銀当座預金残高を法定準備預金残高とほぼ同額にしなくてはならないと前述しましたが、これを神業に頼っていたのです。

モルガン銀行時代、資金繰り担当の女性が泣き出した話を書きました。

伝統的金融政策時代の資金繰り担当者の技術は神業的だったのです。過不足があれば、午後3時の銀行間市場クローズ直前に調整をしなければなりません。3時直前の担当者の電卓をたたくスピードは、ほれぼれするほどでした。

伝統的金融政策を放棄してからすでに17年半、異次元緩和開始からは5年半。午後3時に「法定準備預金必要額ぎりぎり」に残高をコントロールしていく職人技は伝承されていないのではないでしょうか？　経験を積む機会がないのです。

この職人技は伝統的金融政策では必要不可欠です。日銀には異次元緩和からの出口はないと思いますが、仮に出られたとしても職人技が残っていない以上、伝統的金融政策に戻ることは（理論的には可能でも）技術的に不可能だと思うのです。

先に書いた泣き出した部下の女性は、実は今や財務省の大幹部の奥様。まさか彼女に戻ってきて資金繰りを教えてあげてよと頼めるわけもありませんし、異次元緩和の弊害は本当に大きかったと思います。

となるといっそ、日銀デジタルにして銀行の準備預金計算係の仕事もなくしてしまうしかないのではと思ってしまうのです。

6 将来は日銀デジタルと仮想通貨の併用がいい

私個人の単なる予想ですが、現金はなくなり、日銀デジタルと仮想通貨の併用の時代になると思っています。

前節で述べたように、完璧な金融政策を手に入れるためにも日銀デジタルへの移行は極めて重要だと思います。

その一方、仮想通貨は政府・日銀がどう思おうと、人々は多用していくことになると思うのです。私が予想するような日銀倒産・新中央銀行の創設を経験した後では、すべての貨幣を日銀デジタルで持つことに躊躇する人も少なくなるでしょう。

またそれ以上に、海外との決済には仮想通貨の利便性が高いからです。

また国内でもブロックチェーン技術が発達してくると思いますので、それと表裏の関係にある仮想通貨が多用されるとも思います。

なお仮想通貨が日銀券を代替していくと、日銀の通貨発行益は大幅に減少していくでしょう。

しかしながら日本全体で考えると、失う通貨発行益よりも仮想通貨と表裏の関係があるブロックチェーンがもたらす利益の方が格段に大きいと思います。

おわりに

「はじめに」に、この本には政治的な意図はないと書きました。本文中にも政治色は出していなかったつもりです。

経済・金融は資本主義の範疇で判断・決断する限り、政治的にどちらがいいか、悪いかではないと思います。どちらの政策が正しいか正しくないか、の世界だと思っています。または、よりよい経済・金融政策はどちらだ？　の世界だと思います。ですから政治色など出ようがないのです。

ただ、最後に少しだけ自分の政治家としての責務に触れさせていただきたいと思います。

この本に書いた予想される最悪の事態は、財政再建を無視してきたツケであり、デフレに誤った政策で対処しようとしたミスのツケだと思います。

私は長年、実務経験を生かして提言してきたつもりですが、政治家には完全に無視され続けてきました。それが全く興味のなかった政界に入った理由です。中に入らなければ政策に影響を与えられないと思ったからです。

その目的は一部、成功したと思っています。政治家の何人かが私の本や「週刊朝日」の連載を読み始めてくれるようになりました。「読みましたよ」と声をかけてくださったり、内容についての質問を受けたり、国会質問で明らかに引用していただいたりしています。

この本も、そういった影響を与えることができると信じています。その結果、政治家の何人かに危機意識を共有してもらえるようになれば、事態は少しはよくなると思うのです。

今の私の責務は、Xデーが来たときのショックを少しでも軽減できるよう金融専門家としてお役に立つこと。二度と同じ悲劇が起こらないよう混乱期の中で、真の資本主義国家の青写真を描くこと。そして新しい金融政策の手法を確立させること、です。

残念ながら、明治維新、終戦、そして今回のような混乱時でないと、日本は大きく変われないのです。

それとともに「財政は大丈夫という大本営発表」の間違いを指摘し、少しでも多くの国民の皆様に、自分自身で自分や家族を守っていただく術のヒントを差し上げたいと切望しています。

この本が、その一助になってくれることを祈ります。

2018年10月

藤巻健史

〈著者プロフィール〉
藤巻健史（ふじまき・たけし）
1950年東京生まれ。一橋大学商学部を卒業後、三井信託銀行に入行。80年に行費留学にてMBAを取得（米ノースウエスタン大学大学院・ケロッグスクール）。85年米モルガン銀行入行。東京屈指のディーラーとしての実績を買われ、当時としては東京市場唯一の外銀日本人支店長に抜擢される。同行会長から「伝説のディーラー」のタイトルを贈られる。2000年に同行退行後は、世界的投資家ジョージ・ソロス氏のアドバイザーなどを務めた。1999年より2012年まで一橋大学経済学部で、02年より09年まで早稲田大学大学院商学研究科で非常勤講師として毎年秋学期に週1回半年間の講座を受け持つ。日本金融学会所属。現在は、日本維新の会所属の参議院議員（比例区。任期満了2019年7月）。東洋学園大学理事。週刊朝日に「虎穴に入らずんばフジマキに聞け」を5年間にわたり連載中。
ホームページ：https://www.fujimaki-japan.com/
ツイッター：https://twitter.com/fujimaki_takesi

日銀破綻
持つべきはドルと仮想通貨

2018年11月10日　第1刷発行

著　者　藤巻健史
発行人　見城 徹
編集人　福島広司

GENTOSHA

発行所　株式会社 幻冬舎
〒151-0051　東京都渋谷区千駄ヶ谷4-9-7
電話　03(5411)6211(編集)
03(5411)6222(営業)
振替　00120-8-767643
印刷・製本所　中央精版印刷株式会社

検印廃止

ISBN978-4-344-03386-3　C0095
幻冬舎ホームページアドレス　http://www.gentosha.co.jp/

この本に関するご意見・ご感想をメールでお寄せいただく場合は、
comment@gentosha.co.jpまで。